*Nach einer wahren Begebenheit:*

# Die Flucht aus der DDR

## MEIN WEG IN DIE FREIHEIT ÜBER DIE GRENZE

Eine unglaubliche und inspirierende Geschichte über die Flucht aus der DDR

Henning Kuhl

Bibliografische Information der Deutschen Nationalbibliothek.

Die Deutsche Nationalbibliothek verzeichnet diese Publikation in der Deutschen Nationalbibliografie; detaillierte bibliografische Daten sind im Internet über http://dnb.dnb.de abrufbar.

Für Fragen und Anregungen:
info@eulogiaverlag.de

ISBN Print: 978-3-96967-307-2
ISBN E-Book: 978-3-96967-308-9

Originale Erstausgabe 2022


Eulogia Verlags GmbH
Gänsemarkt 43
20354 Hamburg

Lektorat: Ramon Thorwirth
Satz und Layout: Tomasz Dębowski
Umschlaggestaltung: Aleksandar Petrović

*Nach einer wahren Begebenheit:*

# Die Flucht aus der DDR

## MEIN WEG IN DIE FREIHEIT ÜBER DIE GRENZE

Eine unglaubliche und inspirierende Geschichte über die Flucht aus der DDR

EULOGIA VERLAG

# INHALTVERZEICHNIS

*Für Herta und Hermann –*
*in tiefster Dankbarkeit.*

Diese Geschichte beruht auf wahren Begebenheiten
und Ereignissen sowie überlieferten Erinnerungen.
Nicht alles lässt sich überprüfen.
Die Namen Dritter wurden geändert.

# EINLEITUNG

Der Wasserkocher pfeift, als ich die kleine Wohnung im zweiten Stock eines unauffälligen Mehrfamilienwohnhauses in der Nähe von Köln betrete. Freundlich lächelnd hat Karoline die Türe geöffnet und hinter mir wieder verschlossen. Der Tisch ist gedeckt: Zwei Teetassen, zwei Teller, zwei kleine Gabeln, zwei Servietten und ein paar Blumen stehen auf dem Tisch. Die Sonne scheint durch das Küchenfenster und erhellt so die ganze Wohnung. Ich solle ruhig schon einmal Platz nehmen, der Tee sei gleich fertig, versichert Karoline.

Es ist ein friedlicher und ungewöhnlich sommerlicher Wintertag, auf der Straße vor dem Haus ist kaum etwas los, die Mittagsruhe hat sich in der Wohngegend bereits ausgebreitet. Karoline ist eine unscheinbare, mittelgroße Frau, keine 1,70 Meter wird sie messen. Das Lächeln ist ansteckend und ehrlich, die Hände sehen nach Arbeit aus, am Hals sieht man eine große Narbe, die dunkelblonden Haare sind nicht gefärbt und nur an sehr wenigen Stellen grau, die 70 Jahre, die sie mittlerweile alt ist, sieht man ihr überhaupt nicht an. „Ende 50", spreche ich zu mir selbst, als ich über ihr optisches Alter nachdenke. Obwohl ich erst wenige Sekunden in ihrer Wohnung bin, spricht sie bereits ohne Pause. Es sei nicht viel los heute, die Nachbarn seien wohl alle über das Wochenende weggefahren ...

Mein Blick wandert durch die Regale im kleinen Wohnzimmer, das nahtlos an die Küche anschließt. Es sieht aus wie in einer Bücherei, so viele Exemplare stehen dort: von Goethe über Karl May bis zu Lexika und dem Duden, Politikbücher sowie Biografien. Auf den Regalen stehen kleine Kunstwerke wie Dinosaurier aus Ton, Elefanten aus Holz, kleine Statuen aus Marmor und eine alte Vase.

„Mit Milch oder Zucker? Oder sogar beides?“, fragt Karoline.

„Ohne alles, danke“, antworte ich.

„Gut, dann können wir uns setzen.“ Entschlossenen Schrittes kommt sie an den Tisch und nimmt Platz.

Ich setze mich ebenfalls und lege die Papiertüte auf den Tisch: „Ich habe alles bekommen.“

Sie grinst glücklich und erwartungsvoll. „Sehr schön.“

Ich öffne die Tüte und reiße sie ein wenig auf, die kleinen Hefeteilchen sehen weich und frisch aus, erfüllen die gesamte Wohnung umgehend mit ihrem einzigartigen Duft.

Karoline schüttet erst mir und danach sich Tee in die Tasse, stellt die Kanne zur Seite und greift nach einem Hefestück, beißt genüsslich einen Brocken ab. Die Augen schließt sie während der ersten Sekunden, als hätte sie jahrelang auf diesen Moment gewartet. „Köstlich!“ Und in der Tat: Ihr Tipp, bei diesem Bäcker diese Teilchen zu kaufen, hat sich absolut gelohnt – wirklich köstlich.

Wir kennen uns bereits seit vielen Jahren und haben uns immer wieder über verschiedenste Dinge unterhalten, vor allem auch über Themen wie Politik und Gesellschaft. So erfuhr ich, dass sie in der ehemaligen Deutschen Demokratischen Republik geboren wurde und als neunjähriges Kind mit ihren Eltern in die Bundesrepublik flüchtete, ausgerechnet 1960, also ein Jahr vor dem Mauerbau sowie 30 Jahre vor der Wiedervereinigung. Fortan war meine Neugierde geweckt, da ich mich sehr für die Geschichte dieses Landes und vielmehr noch für die Geschichten der „kleinen Bürger“ interessiere.

Als ich Bruchteile, Eckdaten sowie Umstände ihrer Flucht hörte und gleichzeitig das Jahr des 30-jährigen Jubiläums der deutschen Wiedervereinigung näher rückte, war mein Entschluss gefällt. Ich spürte, dass ich diese Geschichte gerne in Form eines Buches festhalten würde, denn sie steht symbolisch für eine ganze Generation und die Auswirkungen von damals sind heute immer noch spürbar; haben mehrere Jahrgänge in diesem Land entscheidend geprägt;

Lebensläufe signifikant beeinflusst; sozusagen einmalige Veränderungen mit sich gebracht; werden auch die Zukunft mitprägen. Zudem wurde ich kurz vor dem Mauerfall geboren und kenne die DDR sowie das geteilte Deutschland daher nicht wirklich. Und: Zeitzeugen sind eine der wichtigsten Bevölkerungsgruppen, die wir haben – ihre Erfahrungen gilt es festzuhalten, zu schützen und zu respektieren. Ein Sachbuch kann informieren und Fakten transportieren, doch nichts geht über die gelebte und erlebte Geschichte.

Sodann sprach ich Karoline vor geraumer Zeit an und bat sie um Erlaubnis, die Geschichte rund um ihre DDR-Flucht niederzuschreiben; die Lebensumstände, die Motive, die Erlebnisse, einfach alles interessierte mich. Karoline zeigte sich zurückhaltend: „Aber ich bin doch niemand. Niemand kennt mich, niemand wird sich für diese Geschichte interessieren." Doch, hielt ich dagegen, denn eben weil sie jemand aus der „normalen" Gesellschaft erzählt, gewinnt diese Geschichte so sehr an Reiz; weil Karoline etwas erlebt hat, das viele Menschen damals erlebten, aber dennoch ganz individuell ist; weil diese Geschichten festgehalten werden müssen, um zu erinnern, zu wertschätzen, zu informieren, nachzuvollziehen, zu lehren, nicht zu vergessen. Außerdem könnte der Zeitpunkt nicht passender sein: Vor 60 Jahren flüchtete sie, vor 30 Jahren wurde Deutschland wiedervereint, 2020 feiert die Wiedervereinigung ihren 30. Geburtstag und niemand weiß, wie lange Karoline diese wahre Begebenheit mit *ihren* Worten noch erzählen können wird ...

Daraufhin willigte sie ein und versprach mir, ihre Gedanken und Erinnerungen zu sortieren sowie vorzubereiten, um mir ihre Geschichte zu erzählen.

Als wir an diesem ungewöhnlich sommerlichen Wintertag mit Tee und Hefeteilchen in Karolines kleiner Wohnung sitzen, beginnt sie also zu erzählen, von einer anderen Zeit, einer anderen Welt. Und mir wird deutlich: Durch Karoline beziehungsweise diese, *ihre* Geschichte erhalte ich einen neuen Blick auf die Historie dieses Landes, dieser

Gesellschaft. Ich werde, das wird mir bereits nach wenigen Minuten bewusst, Deutschland mit neuen Augen sehen, ebenso den 13. August 1961, den Prager Frühling 1968, den 9. November 1989, den 3. Oktober 1990, die Stadt Berlin, das Bundesland Mecklenburg-Vorpommern, Bananen, Kartoffelsalat und so vieles mehr.

# DER ALLTAG

Wir wohnten in einem unscheinbaren Eckhaus direkt an der Straße, genau gegenüber der Molkerei: Schönberg, Fritz-Reuter-Straße 85, Ecke Schlauentrift. Ein Wohnzimmer, eine Küche und ein Schlafzimmer bildeten unsere kleine Wohnung, wobei Wohnung die falsche Bezeichnung ist; vielmehr handelte es sich um drei Räume, die voneinander getrennt waren und unsere Wohnung bildeten. Betrat man das Haus durch die Tür, stand man im Treppenhaus. Links hatte ein junges Paar mit ihrem Baby ein Zimmer, im Raum rechts war eine kleine Werkstatt eingerichtet und geradeaus wohnte ein Ehepaar mit seinen fünf Kindern in einer richtigen Wohnung; die einzige im Erdgeschoss. Auf der linken Seite lag zwischen dieser Wohnung und dem Zimmer des Ehepaares mit Baby unser Wohnzimmer. Es handelte sich dabei um einen kleinen, unauffälligen Raum. Gegenüber, also zwischen der Wohnung und der Werkstatt, lag unsere Küche. Wollten wir aus dem Wohnzimmer in die Küche, mussten wir also durch das Treppenhaus gehen. Unser Schlafzimmer lag im ersten Stock, genau über unserem Wohnzimmer. Um dies zu erreichen, mussten wir daher ebenfalls durch das Treppenhaus. Über unserer Küche wohnte eine Familie und in der richtigen Wohnung im Obergeschoss lebte Frau Venske, eine alte Dame. Unsere drei separaten Zimmer als Wohnung zu bezeichnen, fällt mir heutzutage daher schwer ...

Aus der Küche konnte man das Haus zur Rückseite verlassen und gelangte in den Stall, in dem auch die Waschküche war. Mein Vater hatte immer zwei Schweine, bis eines im November geschlachtet wurde, und ein Kalb in diesem Stall stehen. So lebte ein Schwein immer zwei Jahre und war nie allein. Der Stall grenzte an den Hof, auf dem Leinen angebracht waren, auf denen die Wäsche getrocknet wurde. Er war zwar klein, bot aber trotzdem ausreichend Platz und Auslauf für die Hühner meiner Eltern. Fünf Hühner waren unser Eigen, dank derer wir immer frische Eier hatten. Am Ende des Hofes stand ein Plumpsklo, das mit einem kleinen Loch in Herzform in der Tür grüßte. Wir teilten es uns mit den anderen Bewohnern unseres Hauses.

In dem Stall war, wie schon erwähnt, auch die Waschküche. Wenn meine Mutter wusch, herrschte bei uns eine Woche lang „Land unter", weil sie erst einmal alles einweichte; erst die weiße und danach die bunte Wäsche. In der Waschküche befeuerte sie den Ofen, über dem ein großer Wasserkessel angebracht war. Sie füllte den Kessel mit Wasser, erhitzte es so lange, bis es zu kochen begann, und warf sodann die Wäsche hinein, rührte mit einem großen Holzstab regelmäßig um. Nach einiger Zeit holte sie die Wäsche mit Hilfe dieses Stabes aus dem Topf und warf die bunte Wäsche in den Kessel. Die weiße Wäsche landete sofort in einer großen Wanne, die mit kaltem Wasser gefüllt war. Sie griff zu ihrem Waschbrett, stellte es mit dem einen Ende in die Wanne, packte mit der anderen Hand nach der Kernseife und begann die Wäsche auf dem Waschbrett zu rubbeln, bis alles sauber war. Die gleiche Prozedur folgte später mit der bunten Wäsche, während die weiße bereits auf der Leine draußen im Hof hing und trocknete. Ob Sommer oder Winter, Frühling oder Herbst: Die Schweißperlen liefen ihr während der Arbeit mit dem Waschbrett regelmäßig über das Gesicht. Im dritten Durchgang landete die schmutzige Arbeitskleidung meines Vaters im Kessel beziehungsweise der Wanne, da sie das Wasser so verdreckten, dass man es nicht noch einmal benutzen konnte.

Dieser gesamte Prozess mit Waschen, Rubbeln und Trocknen dauerte mehrere Stunden. Richtig herausfordernd war das Ganze, wenn meine Mutter die Bettwäsche wusch, denn diese durfte ja nicht zu nah am Boden hängen, da die freilaufenden Hühner sie sonst umgehend wieder verdreckt hätten. Daher musste meine Mutter die Leinen höher hängen, um ausreichend Abstand zum Boden zu garantieren. Das war schon Schwerstarbeit, weshalb wir Kinder auch das Verbot erhielten, an Waschtagen oder Trockentagen im Hof zu spielen. Da es jedoch riesigen Spaß bereitete, zwischen der Wäsche herumzulaufen und Fangen zu spielen, war dieses Verbot nur äußerst schwierig einzuhalten. Der harte Teppichklopfer, den man abbekam, wenn man an diesen Tagen doch auf dem Hof spielte, war jedoch ein überzeugendes Argument dafür, sich einen anderen Spielort zu suchen. Es gab tatsächlich nur ein schlimmeres Szenario: Wenn man nämlich einen der Holzpfosten zu Fall brachte, dadurch die gesamte Wäsche auf dem Boden landete und wieder dreckig war, setzte es eine so heftige Tracht Prügel, dass einem Hören und Sehen verging. Daher spielte man, je älter man wurde, an Wasch- und Trockentagen nicht auf dem Hof – Punkt! Bei gutem Wetter mit Sonnenschein und sommerlichen Temperaturen trocknete die Wäsche manchmal innerhalb eines Tages, sodass man sie am nächsten Mittag abnehmen konnte. Manchmal jedoch, speziell im Winter, konnte es zwei bis drei Tage dauern. War der Winter sehr kalt, froren die Kleidungsstücke teils sogar ein, sodass meine Mutter sie in die Küche holte, um sie dort aufzutauen sowie zu trocknen. Sie musste beim Abnehmen, Tragen und Aufhängen in der Küche jedoch sehr vorsichtig sein, damit die Kleidung nicht zerbrach ...

Auf das Trocknen folgte das Bügeln, denn man war ja sehr ordentlich und korrekt. Außerdem musste man es machen, da alle anderen es schließlich auch machten. Alles musste also gebügelt werden. Und da dieser Prozess ebenfalls lange dauerte, konnte es – je nach Wetter – durchaus geschehen, dass ein Waschtag zu einer Waschwoche wurde, bis alles wieder sauber im Schrank lag. In dieser Zeit gab es bei uns nur Brot oder Eintopf, da meine Mutter mit dem Waschen so beschäftigt war und dabei so viel Energie verlor, dass sie nicht noch richtig kochen oder einkaufen gehen konnte. Von morgens bis abends war sie mit der Wäsche beschäftigt und das war für mich sehr prägend, weil ich regelmäßig sah, wie schwer meine Mutter schuften musste, nur um unsere Wäsche wieder sauber im Schrank liegen zu haben. Dafür erhielt sie kein Geld oder Ähnliches, sondern es war das ganz normale Leben, der ganz normale Alltag.

Ebenfalls prägend waren die Zeiten, wenn geschlachtet wurde. Mein Vater besaß, wie schon gesagt, immer zwei Schweine, die mit dem Kalb zusammen im Stall standen und von denen eben das jeweils ältere nach zwei Jahren geschlachtet wurde; fast immer im November. Zum Schlachten kamen meist zwei Bekannte, um zu helfen, denn so ein Schwein zu schlachten, das war damals eine gewisse Herausforderung, da ja sozusagen alles ohne großartige Maschinen oder ähnliche Hilfsmittel ablief. Der Schlachter kam morgens vorgefahren und ob du es mir glaubst oder nicht: Das Schwein, das geschlachtet wurde, quiekte von dem Moment, als der Schlachter den Hof betrat, bis zum Gehtnichtmehr. Offensichtlich konnte es spüren, dass er wegen ihm kam. Das war irgendwo ja bemitleidenswert. Deswegen war es mir übrigens auch strengstens untersagt, in den Stall zu gehen und die Schweine zu streicheln oder so. Ab und zu durfte ich beim Füttern helfen, aber normalerweise war es ausschließlich mein Vater, der in den Stall ging. Weshalb dem so war, liegt klar auf der Hand, denn ich sollte eben keine persönliche Beziehung zu den Tieren aufbauen, eben weil sie eines Tages geschlachtet und sterben würden. Wenn man Gefühle für sie entwickelte, taten sie einem leid und das beeinflusste den gesamten Prozess erheblich. Aber man benötigte eigene Tiere, da man damals – wir zumindest – nur ganz selten in ein Geschäft ging, um dort einzukaufen. Wenn irgendwie möglich, versorgte sich die Familie selbst, weswegen wir uns Hühner sowie die ein beziehungsweise zwei Schweine hielten. Meine Mutter hatte zu ihrer Hochzeit von ihrer Mutter die beste Kuh im Stall geschenkt bekommen, wodurch wir glücklicherweise auch eine Kuh, die nicht bei uns lebte, besaßen, sodass wir über Milch verfügten. Im Schrebergarten pflanzten meine Eltern Obst und Gemüse an …

Jedenfalls kam der Schlachter und stiefelte mit meinem Vater in den Stall, wo sie ein stabiles Seil an einem der Hinterbeine befestigten, damit sie das Schwein festhalten konnten, sollte es denn davonlau fen wollen oder zu wild werden. Anschließend führten sie es in den Hof. Ja, ich war auch dabei, denn ich hatte zu einem späteren Zeitpunkt eine ganz spezielle Aufgabe. Der Schlachter betäubte es, mit einem gezielten, sehr gekonnten Schlag per Holzbeil. Anschließend tötete er es, indem er dem Schwein mit einem sehr scharfen Messer in die Kehle schnitt, sodass es ausbluten konnte. Mein Vater fing das Blut per Schüssel oder Eimer auf und, als das ganze Blut aufgefangen war, schleppte er den Eimer in die Küche, wo ich mit meiner Arbeit begann: Ich musste rühren. Wichtig war, dass ich sofort, wenn das Blut nicht mehr lief, schon einmal umrührte, damit das Blut flüssig blieb, ansonsten konnten wir daraus später nämlich keine Blutwurst herstellen.

Während ich rührte, kümmerten sich die anderen, mein Vater und der Schlachter sowie in der Regel zwei weitere Männer, um das Schwein. Nachdem das Blut aufgefangen war, wurde das Schwein mit heißem Wasser abgeschüttet und anschließend „gekratzt“, so nannten wir diese Arbeit damals, bei der die Borsten entfernt wurden, damit die Haut ganz glatt wurde. Dabei kamen die Männer immer ordentlich ins Schwitzen. Es folgte die Trichinenschau, bei der ein Fleischbeschauer das Schwein genau inspizierte und die Gesundheit beziehungsweise Qualität des Schweines überprüfte, damit man sichergehen konnte, dass das Essen des Fleisches keine gesundheitlichen Risiken mit sich brachte. Anschließend erhielt das Schwein, jedenfalls war das in all den Jahren, die ich erinnere, bei unseren Schweinen der Fall, einen blauen Stempel, der bedeutete, dass das Schwein weiterverarbeitet und das Fleisch später verzehrt werden durfte.

Der Schlachter übernahm nun das Ruder und teilte das Schwein in zwei Hälften, um es dann weiter auseinander zu nehmen, damit wir alles, aber auch wirklich alles, das man irgendwie verarbeiten konnte, bearbeiten konnten. So entstanden nicht nur Koteletts, Schinken, Rippchen und Zunge, sondern eben auch die Ohren und die Schnauze wurden abgeschnitten, um sie verarbeiten zu können. Die Innereien wurden freigelegt und die Därme ausgewaschen, da man auch diese Teile nutzte. Im nächsten Schritt wurde das Fleisch geschnitten und portioniert für Gulasch, Gehacktes, Schnitzel, Wurst und vieles mehr. Der Schinken kam in eine Räucherkammer, denn mein Vater verfügte über gute Verbindungen zu den Leuten, und so wurde alles verarbeitet.

Mich prägte dieser Prozess insbesondere aus zwei Gründen: Auf der einen Seite sah ich, wie viel man aus einem einzigen Tier gewinnen konnte und wie viele Möglichkeiten sich boten. Natürlich lag das auch daran, dass wir arm waren und nichts wegschmeißen durften, das man irgendwie verwerten konnte. Allerdings war es ja auch sinnvoll, dass man Zunge, Ohren, Schnauze und alles verwertete, denn man konnte es ja essen und nahm keinen Schaden daran. Wie aufwändig dieser Prozess, ein einziges Schwein zu schlachten und es zu verarbeiten, war, das war wirklich beeindruckend und lehrreich, weil ich verstand, wie wertvoll so ein Schwein war – und ist. Auf der anderen Seite entwickelte ich das Verständnis, dass man eben nur dann ein persönliches Verhältnis zu einem Tier haben sollte, wenn man es nicht eines Tages schlachten muss. Für mich waren diese Aspekte ungemein wichtig, weil ich sie für mein weiteres, komplettes Leben im Gedächtnis behielt ...

Vor allem das Räucherfleisch war für uns wertvoll, da wir es für den Winter nutzten, weil es länger haltbar war. Einen Kühlschrank oder Gefrierschrank kannten wir nicht, weshalb alles sofort gegessen werden musste oder durch das Räuchern haltbar gemacht wurde. Gekocht oder gegessen wurde, was frisch im Schrebergarten oder auf dem Feld geerntet wurde. Deshalb gab es auch immer nur alles zu seiner Zeit: Salat nur, wenn er im Garten auch geerntet werden konnte; Obst, wenn es reif war; Kartoffeln vom Feld, wenn sie soweit waren. Alle anderen Lebensmittel wie Gurken, Bohnen, Stachel- und Erdbeeren sowie Kirschen, die meine Eltern anbauten, wurden für die restliche Jahreszeit – sofern das denn möglich war – eingeweckt. Pflaumen und Falläpfel verarbeitete meine Mutter zu Kompott, der ebenfalls eingeweckt wurde.

Sehr streng waren damals die Winter, in denen es oft tagelang so kalt war, dass man gar nicht mehr vor die Tür wollte. Wir saßen in der Küche um unseren alten Ofenherd herum, in den mein Vater das Holz oder die Kohle warf, um das wärmende Feuer am Leben zu halten. Auf dem Ofen waren Kochstellen installiert, die verschiedene Ringgrößen hatten, sodass man gleichzeitig die zwei Töpfe aufsetzen und kochen konnte, da der Ofen ohnehin arbeitete. Diese Öfen sieht man heutzutage zum Beispiel noch in Museen, Heimatmuseen oder DDR-Museen. Das Kochen dauerte jedoch dementsprechend länger, da die Temperatur nicht so hoch stieg beziehungsweise es einfach mehr Zeit benötigte, eine hohe Temperatur zu erreichen. Und das war auch wichtig, da die Winter, wie gesagt, mitunter sehr kalt waren. Und es schneite, und wie es schneite: In einem Jahr schneite es so viel, dass der Schnee über mehrere Tage hinweg auf der Straße bis zu den Fensterbänken im ersten Stock hochragte. Das war unglaublich: Man konnte das Fenster öffnen und den Schnee anfassen, der auf der Straße lag – Wahnsinn. Die Panzer der Russen, wir sprachen damals schon von Russland und Russen statt von Sowjetunion und Sowjets, fuhren durch die Stadt, um den Schnee zumindest auf den Straßen platt zu fahren, damit man eine Chance hatte, dort zu gehen. Und nur so konnten die Pferdewagen zur Molkerei und Bäckerei gelangen. Andernfalls hätten wir Kinder ja auch nicht zur Schule und die Erwachsenen zur Arbeit gehen können. Also das war ein Winter, wie ich es nie wieder erlebt habe.

Im Wohnzimmer stand ein zweiter Ofen, ein Kachelofen, der im Herbst und im Winter für Wärme sorgte. Dieser Ofen verfügte über eine Röhre, die Richtung Decke ragte und in der man Essen warmhalten konnte, wenn man es beispielsweise erst in ein paar Stunden essen wollte. Meine Mutter bereitete – speziell zur Weihnachtszeit – in dieser Röhre auch Bratäpfel zu, wodurch dieser einzigartige Duft entstand, der das gesamte Zimmer füllte. Ich liebte diesen Duft und denke, wenn ich ihn heute wahrnehme oder Bratäpfel sehe, noch immer an die Tage damals zurück. Für solcherlei Kleinigkeiten reichten diese beiden Öfen aus. Zum Backen mussten wir die Bäckerei aufsuchen ...

# DIE MÄNNER

Meine Eltern hörten, wenn sie zuhause waren und nicht arbeiten mussten, also zum Beispiel an Wochenenden oder abends, gerne Radio; allerdings, und das wunderte mich immer, nur sehr leise. Es war so eingestellt, dass sie es nur verstehen konnten, wenn sie genau neben dem Radio saßen oder knieten. „Warum bloß drehen sie das Radio nicht lauter?“, fragte ich mich immer wieder aufs Neue. Zusätzlich schickten sie mich, wenn sie das Radio einschalteten, meist raus. Auch dieses Verhalten war unverständlich für mich. Ein einziges Mal habe ich mich an die Tür geschlichen und sie einen Spalt geöffnet, sodass ich hörte, was meine Eltern im Radio hörten. In dem Lied, das in diesem Moment gespielt wurde, sang ein Mann: „Es war einmal ein treuer Husar.“ Meine Mutter bemerkte zwar nicht, dass ich die Tür geöffnet hatte und zuhörte, jedoch war es mir zu heikel, die Tracht Prügel wollte ich nicht riskieren und schloss die Tür schnell wieder, nachdem das Lied zu Ende gelaufen war. Ich spielte im Hof, als meine Mutter mich kurze Zeit später zu sich rief und zum Lebensmittelgeschäft schickte, um etwas zu holen. Auf dem Weg zum Geschäft hüpfte ich in meiner typischen Art von einem auf das andere Bein und sang das Lied, welches ich soeben erlauscht hatte: „Es war einmal ein treuer Husar.“ Von diesem Moment an wusste natürlich die gesamte Nachbarschaft, dass meine Eltern West-Radio hörten, denn solche Lieder gab es im DDR-Programm gar nicht. Meine Mutter war sehr böse und knallte mir einige saftige Ohrfeige. Erst da wurde mir alles klar: Sie hörten West-Radio und drehten es deshalb auch nicht lauter, denn schließlich sollte niemand mitbekommen, dass sie eben jenes Programm hörten. Mal ganz abgesehen davon, dass es ohnehin verboten war, West Radio zu hören, denn mit dem Westen wollte beziehungsweise sollte man nichts zu tun haben.

Spielen tat ich entweder allein oder mit drei Kindern, die damals meine Freunde waren und in der Nachbarschaft lebten. Wir waren auf den Feldern oder in den Gärten unterwegs und spielten Fangen, Verstecken oder vertrieben uns einfach die Zeit, indem wir herumstromerten, auf Bäume kletterten, Hinkelmann oder mit Puppen spielten, über das Sprungseil sprangen oder schlicht herumalberten. Wenn wir in den Gärten unterwegs waren, naschten wir an den Obstbäumen und an den Beerensträuchern, obwohl wir das nicht sollten; Streiche und kleine Verbote eben. Eines unserer Rituale war, dass wir zur Eisenbahnstrecke, die damals ganz in der Nähe unserer Straße verlief, rannten und auf den Zug warteten, der ein einziges Mal, nämlich nachmittags, an Schönberg vorbeifuhr. Dieser Zug fuhr aus dem Westen in die DDR und wir winkten den Insassen, wenn sie an uns vorbeifuhren, immer mit der Hoffnung, dass sie uns zurück winken würden. Für uns war das ein ganz besonderes Erlebnis, denn mit so einem Zug waren wir alle noch nie gefahren – erst recht nicht in den Westen.

Oft halfen wir allerdings den Erwachsenen auf den Feldern bei der Ernte, zum Beispiel bei der Kartoffel- oder Rübenernte. Das war übrigens der erste Moment in meinem Leben, in dem ich Geld für meine Arbeit erhielt: Bei einer Kartoffelernte vor Schönberg gab man mir als Dank fünf Mark. Ich liebte als Kind und liebe noch heute als alte Frau Kartoffeln, die könnte ich wirklich jeden Tag essen, zum Frühstück, zu Mittag und zu Abend; ganz so, wie Petrosilius Zwackelmann. Tüften, so nannten wir die Kartoffeln bei uns, zu ernten, war auch etwas Besonderes, weil man zunächst die kühle Erde an der Oberfläche mit den Händen durchbrach und sie dann, je tiefer man nach den Kartoffeln griff, wärmer und weicher wurde. Das ist schon ein sehr spezielles Gefühl, wenn man Kartoffeln anbaut, Monate später in diese warme Erde greift und Kartoffeln herausholt – Wunderwerk Natur eben. Diese Zeit, wenn ich draußen war und meine Eltern allein Zuhause, nutzen sie auch, um Radio zu hören, wie sie mir Jahrzehnte später mitteilten ...

Eines Tages, ich war krank und lag mit Ziegenpeter auf dem Sofa in unserem Wohnzimmer, klopfte es mittags an unserer Wohnzimmertür. Meine Mutter, die mich versorgte und allein mit mir daheim war, sagte: „Herein!“ Der Filzvorhang, der in unserer Wohnung vor der Tür hing, bewegte sich und zwei Männer, die ich noch nie zuvor gesehen hatte, betraten unsere Wohnung. Sie trugen jeweils einen Mantel und einen Hut – ungewöhnlich für damalige Verhältnisse, denn Hüte wurden normalerweise nur zu Hochzeiten oder Beerdigungen oder Geburtstagen oder ähnlichen Anlässen getragen. Mützen trugen die Männer beim Arbeiten, aber solche Hüte fielen auf. Meine Mutter wurde bleich, richtig blass im Gesicht und fragte: „Ja, bitte?“

Die Männer nahmen höflich ihren Hut ab und nickten freundlich: „Guten Tag, Frau Möller.“ Beide lächelten und während der eine Mann das Zimmer inspizierte, fragte der andere: „Wo ist denn bitte ihr Mann?“

„Mein Mann?“, entgegnete meine Mutter überrascht.

„Ja, der Herr Alwin Möller“, sagte der Mann in einem auffallend höflichen, aber zugleich sehr bestimmenden Ton.

„Der ist unterwegs, der arbeitet noch.“

„Natürlich“, antwortete der Mann und fragte weiter: „Wann kommt er denn heim?“

Meine Mutter schüttelte mit dem Kopf: „Der hat heute eine ganz lange Tour. Ich weiß nicht, wann der heute nach Hause kommt.“ Dann griff sie sich an den Kopf und führte aus: „Es kann aber auch gut sein, dass der gar nicht kommt, sondern irgendwo übernachtet. Ich kenne seinen Plan für morgen nicht. Aber wenn er morgen noch weiter muss, kommt er eventuell erst morgen Abend zurück.“

Beide Männer lächelten immer noch ungemein freundlich und der eine, während der andere nur zur Begrüßung den Mund geöffnet und gesprochen hatte, sagte: „Dann teilen Sie ihrem Mann doch bitte mit, dass wir hier waren und er sich bei uns melden solle, wenn er wieder zuhause ist – in Ordnung?“

„Das werde ich tun“, bestätigte meine Mutter.

„So haben wir uns das erhofft“, lächelte der Mann und beide setzten ihre Hüte wieder auf, nickten und verließen, ohne ein weiteres Wort zu sagen, die Wohnung.

Meine Mutter schaute mich ernst an und befahl: „Karoline, du sagst nichts!“ Sie schlich zur Tür, hielt das Ohr an selbige und verharrte für einige Sekunden in dieser Haltung. Dann ging sie strammen Schrittes in die Küche, griff nach dem Brot, um es zu schneiden sowie mit Butter zu bestreichen und zu belegen, und kochte Kaffee. Mir fiel auf, wie unruhig sie dabei war – ich sehe das alles noch heute genau vor meinen Augen, weil es sich so in mein Gedächtnis eingebrannt hat. Sie packte das Brot in Papier und füllte den Kaffee in eine Thermoskanne. Ich verstand überhaupt nicht, was vor sich ging.

Als mein Vater am Abend, es war schon dunkel, nach Hause kam, teilte sie ihm mit, dass die beiden Männer bei uns gewesen wären und sie ihm bereits alles gepackt hätte. Er war überhaupt nicht überrascht oder sonderlich interessiert an den Männern, sondern machte sich umgehend fertig, um das Haus direkt wieder zu verlassen. Seine Tasche, in die meine Mutter ihm ein paar Kleidungsstücke gepackt hatte, stand schon neben der Tür. Und dann sagte sie einen Satz, den ich nie vergessen habe: „Sag mir nicht, wohin du gehst!“ Er nickte und es wirkte, als hätte er all dies schon einmal, sogar mehrfach, getan. Es kam mir vor wie Routine. Er warf mir noch ein schnelles „Gute Besserung, min Deern“ zu und dann war er verschwunden.

Am nächsten Tag kamen die beiden Herren wieder zu uns, diesmal etwas später als am Vortag. Erneut waren sie auffallend freundlich und höflich, erneut grinsten und lächelten sie andauernd, erneut sprach hauptsächlich der eine Mann, erneut suchten sie meinen Vater, erneut war er nicht da und erneut konnte meine Mutter ihnen keine Auskunft über seine aktuelle Bleibe geben. Sie sagten, dass sie an einem anderen Tag wieder vorbeikämen und er sich, sollte er in der Zwischenzeit nach Hause kommen, bitte bei ihnen melden sollte …

Vieles, was damals geschah und vor sich ging, habe ich als Kind in den damaligen Situationen nicht begriffen. Außerdem weihten mich meine Eltern damals nicht in alles ein, indem sie entweder flüsterten oder dann miteinander sprachen, wenn ich nicht dabei war – wie mit dem Radio. Aber je mehr Zeit verging, je älter ich wurde und je mehr seriöse Gespräche ich mit meinen Eltern führte, desto verständlicher wurden viele Erlebnisse. Und bei dieser Situation damals war das nicht anders: Jahrzehnte später wusste ich, dass die beiden Männer mit ihren Hüten von der Stasi waren und meinen Vater suchten. Ja, das war ein unvergessliches Bild, wie diese beiden Männer in ihren Mänteln und mit ihren Hüten plötzlich in unserem Wohnzimmer standen!

# DER PLAN

Kennengelernt hatten sich meine Eltern 1932, als sie beide um die 20 Jahre jung waren. Damals ging man an Freitag- oder Samstagabenden ins Schützenhaus. Das waren Treffen, bei denen getanzt, gesungen, geredet und geflirtet wurde – heute würde man wohl Bauernhof-Party dazu sagen. Diese Feiern wurden jedes Wochenende abgehalten, da man die Woche über ja immer mit der Arbeit auf den Höfen beschäftigt war und dies eine gute Gelegenheit war, um jemand anderes zu treffen. Viele Frauen und Männer lernten sich damals über solche Feiern kennen und gründeten später ihre Familien.

Mein Vater lebte zu diesem Zeitpunkt in Kirch Grambow, einem kleinen Dorf rund 20 Kilometer von Schönberg entfernt, und arbeitete auf dem Bauernhof seiner Familie. Währenddessen wohnte meine Mutter in Rambeel, etwas mehr als fünf Kilometer östlich von Kirch Grambow gelegen, und war ebenfalls auf einem Bauernhof, dem ihrer Mutter, tätig. Beide halfen bei der Stall- und Feldarbeit, wie es auf vielen Höfen zu dieser Zeit der Fall war: Die Kinder lebten und arbeiteten bei ihren Familien, bis sie sich eine eigene Existenz aufbauten oder einen anderen Beruf annahmen. Geografisch lagen ihre Dörfer für heutige Verhältnisse nicht weit auseinander, doch zur damaligen Zeit waren das noch richtige Wege, denn du musstest alles zu Fuß laufen, da nur reiche Leute Pferde und Kutschen besaßen. Fahrräder waren in den Familien meiner Eltern noch nicht allgegenwärtig, wenngleich sich das bei meinem Vater in den Folgejahren änderte ...

Jedenfalls lernten sie sich bei einer dieser Feiern kennen und lieben. Ihr Verhältnis und ihre Zukunftsplanungen wurden jedoch jäh unterbrochen, als mein Vater 1934 zum sogenannten „Arbeitsdienst“

gerufen wurde und anschließend für zwei weitere Jahre seinen Wehrdienst in der Kaserne, unter anderem in einer Kaserne in Wismar, ableisten musste. 1937 hieß es, dass er am 1. Oktober 1939 wieder zurück nach Kirch Grambow kommen werde, doch der Zweite Weltkrieg verhinderte dies – am 1. September 1939 wurde mein Vater in den Krieg eingezogen. Er marschierte mit den Soldaten nach Polen, weiter nach Weißrussland und geriet schließlich in den „Kessel von Demjansk", wo er in der berüchtigten Kesselschlacht kämpfte. Es ging für ihn weiter an die Westfront, wo er im Hürtgenwald kämpfte. Nach einigen Jahren, wann genau weiß ich nicht, wurde er von den Franzosen gefangen genommen und in ein Gefangenenlager bei Marseille gebracht. Mein Vater gab sich als Koch aus und arbeitete sodann in der Küche des Lagers. Erst 1946 kam er, gesundheitlich angeschlagen, frei und zurück in die Heimat, auf den Bauernhof seiner Familie in Kirch Grambow. Dort wurde er mit der traurigen Nachricht konfrontiert, dass seine Mutter verstorben war, was seine Freude über die Heimkehr massiv schmälerte.

Es ist ein Thema, über das er mit mir Zeit seines Lebens – heute muss ich *leider* sagen – nie vernünftig und tiefgreifender gesprochen hat, diese Informationen erhielt ich hauptsächlich von meiner Mutter. Welche schrecklichen Erfahrungen er im Krieg gesammelt haben muss, wurde mir erst klar, als ich 20 Jahre alt war und mitbekam, wie er nachts schrie. Meine Mutter erklärte mir wiederum Jahre später, als ich bereits ausgezogen und meine eigene Familie gegründet hatte, dass mein Vater fast jede Nacht im Schlaf geschrien hätte und immer noch schreien würde, weil die Erinnerungen an den Zweiten Weltkrieg sein Unterbewusstsein beschäftigen würden. Meine Mutter sagte mir auch, dass mein Vater nie eine Karriere als Soldat eingegangen wäre, obwohl ihm mehrfach eine solche in Aussicht gestellt worden wäre. Ein Bekannter der Familie hätte einst gefragt, weshalb er nicht zum Unteroffizier aufgestiegen wäre, und mein Vater soll, wie der Bekannte in einem Brief an meine Tante schrieb, geantwortet haben: „Als verantwortlicher Unteroffizier muss ich zuerst aus dem Schützengraben und an vorderster Front kämpfen, alle anderen anführen. Das will ich nicht. Ich will nicht sterben, sondern überleben, zurück nach Hause kommen und in Frieden leben.“ Mein Vater selbst sagte dazu kaum etwas, das war ein Tabuthema ...

Im Jahr 1940, als mein Vater Fronturlaub hatte und für ein paar Tage in die Heimat durfte, verlobten er und meine Mutter sich. Als er nach dem Krieg schließlich zurück nach Kirch Grambow kam, entschlossen sie sich zu heiraten. Meiner Mutter, die immerzu und ungewiss auf seine Rückkehr gewartet hatte, lebte und arbeitete während der Kriegszeit weiterhin in Rambeel auf dem Bauernhof ihrer Mutter. Nach ihrer Heirat zogen sie nach Kirch Grambow auf den Bauernhof der Familie meines Vaters. Ihre Hochzeit begingen sie 1948 in der Kirche in Kirch Grambow, die heute noch auf dem Friedhof steht.

Dort jedoch wurden sie, vor allem mein Vater, richtig mies verraten: Eine Voraussetzung, wenn man damals als Bauer tätig war, bestand darin, dass man den Russen einen bestimmten Teil seiner Ernte abgeben musste, als Schuldtilgung für das Verantworten des Zweiten Weltkrieges und als Verpflegung für die stationierten russischen Besatzungssoldaten. Dies führte aber, weil nach dem Krieg die Nahrung sehr knapp war und alle hungrig waren, dazu, dass die Bauern kaum etwas für sich selbst behalten konnten. Mein Vater sah sich mit der Problematik konfrontiert, dass er nicht genug von seiner Ernte übrig hatte, um für das kommende Jahr zu säen und wieder eine gute Ernte erhalten zu können. Für meinen Vater war das eine äußerst unangenehme Situation.

Daraufhin überlegte er sich eine List, da er meine Mutter, sich selbst und die Freunde, die damals in Kirch Grambow lebten, nicht Hunger leiden sehen wollte. Er vergrub einen Teil der Ernte in der Erde, sodass sie niemand sehen konnte und er sie, nachdem die Russen da gewesen waren, ausbuddeln und als Reserve behalten konnte. Das damit einhergehende Risiko, dass man ihm Verrat vorwerfen und ihn hätte einsperren können, ging er wohl wissend ein. Jemand aus seiner Familie muss die Verstecke allerdings verraten haben, denn mein Vater fand, als er die Vorräte ausgraben wollte, lediglich leere Löcher vor. Er war ungemein verletzt, entsetzt, traurig und zugleich wütend, denn seine Ernte war es, die monatelang die anderen ernährt hatte. Er fühlte sich betrogen und verraten.

Dieser „Verrat“ führte dazu, dass meine Eltern sich entschieden, die Familie sowie den Bauernhof zu verlassen und nach Schönberg zu ziehen, wo mein Vater eine Stelle als Grenzpolizist annahm. Sie bezogen zunächst eine Einzimmerwohnung, die tatsächlich nur ein einziges Zimmer hatte und in einem Handwerkerbetrieb lag. 1950 kam ich jedoch in Schönbergs Krankenhaus zur Welt, weshalb wir fortan mehr Platz benötigten. Also suchten meine Eltern nach einer neuen Bleibe und fanden eine Wohnung, die aus drei voneinander getrennten Räumen bestand – jene in der Fritz-Reuter-Straße.

Während seiner Zeit als Grenzpolizist, musste mein Vater auch die „grüne Grenze“ im Bereich des Schaalsees bewachen, damit keine Bürger von Ost nach West gehen beziehungsweise flüchten konnten. Wer in den anderen Teil Deutschlands wollte, musste eine Erlaubnis mit sich führen und kontrolliert worden sein, denn die DDR dokumentierte und kontrollierte alles und jeden. Diese durch die Alliierten willkürlich gezogene Grenze zwischen West und Ost bereitete allerdings vielen Bauern aus dem heutigen Mecklenburg-Vorpommern, speziell jenen rund um den Schaalsee, große Schwierigkeiten, da sich ihre Weiden und Felder teilweise im Westen befanden, sie aber im Osten lebten. Daher zogen diese Bauern mit Einbruch der Dunkelheit heimlich los, um zu Fuß durch die Wälder oder mit dem Boot über den See zu ihren Kühen und Feldern zu gelangen. Mein Vater war nun in der verzwickten Situation, dass er die Sichtweise der Bauern bestens nachvollziehen konnte und zugleich klare berufliche Anweisungen hatte. Er entschied sich, die heimlichen Grenzübergänge zu ignorieren und die Bauern zu ihren Feldern gehen zu lassen. Das Herz des Bauern schlug noch zu sehr in seiner Brust, als dass er sie festnehmen hätte können. Die Bauern waren ihm ungemein dankbar, da sie natürlich um seine zugekniffenen Augen bei Nacht wussten.

Jedoch kam es zu einem folgenschweren Zwischenfall: Eines Tages beschwerte sich einer dieser Bauern, weil ihn ein anderer Polizist, der meinen Vater krankheitsbedingt vertrat, nicht passieren ließ. Der Bauer sagte, dass jeder Polizist so handeln sollte, wie ihr Kollege, mein Vater nämlich, es tat, denn der würde wenigstens ein Auge zudrücken und Menschlichkeit beweisen. War sicher gut gemeint seitens des Bauern, nur verriet er dadurch meinen Vater. Damit war er die längste Zeit Grenzpolizist gewesen.

Mein Vater nahm eine Stelle bei der damaligen Energieversorgung an, fuhr fortan mit dem Fahrrad über die Dörfer und las den Stromverbrauch der Leute ab. Für ihn war das eine schöne Anstellung, da er sich frei bewegen konnte und nicht nur an einer Stelle war. Außerdem konnte er auf diese Weise das genießen, was ihm am meisten Wert war: die Natur. Er liebte die Felder und Bäume, das Singen der Vögel und Rauschen des Windes ...

Zu der Zeit, als meine Eltern nach Schönberg zogen, schlug meine Mutter meinem Vater auch vor, dass sie doch lieber in „den Westen" gehen sollten, da die westlichen Alliierten beim Wiederaufbau ganz anders vorgingen als die Russen. Man könnte zusehen, wie die stalinistischen Methoden in der Sowjetzone eingeführt würden. Mein Vater allerdings glaubte, es werde mit einer neuen Regierung, die sich stärker für die Arbeiter und Bauern einsetzen würde, ein guter Staat aufgebaut. Er war, nachdem er aus dem Krieg zurückgekommen war, sogar in die Partei eingetreten, weil er dachte, dass die Menschen verstanden hätten, dass es nach der NS-Zeit nur einen – deutlich anderen – Weg geben konnte. Doch diese Hoffnung begrub er kurz darauf wieder, da ihm schnell deutlich wurde, dass die Richtung, in die es gehen sollte, einmal mehr nicht die aus seiner Sicht richtige war.

Wenig später, Mitte der 1950er, versuchte die Stasi, ihn für einen Auftrag zu gewinnen: Er sollte in den Westen reisen und den Wahlkampf Konrad Adenauers manipulieren, damit Adenauer nicht zum Bundeskanzler gewählt würde. Mein Vater lehnte unmissverständlich ab und war von diesem Moment an im Auge der Stasi, wenngleich er nur ein kleiner Nobody war, da er von sich aus nicht aktiv gegen die Partei mobil machte; aber sie hatten ihn auf dem Zettel. Immer wieder wurde er fortan zu Gesprächen mit der Stasi-Behörde vorgeladen, in denen er Rede und Antwort stehen musste. Nach einigen Wochen nahm er sein Parteibuch, packte es in einen Umschlag und steckte einen Brief mit hinein, in dem er über seinen Austritt aus der Partei informierte, da er sich nicht länger mit dieser identifizieren könnte und nicht mehr Mitglied sein wollte – in seinen Augen war die DDR vieles, nur kein Arbeiter- und Bauernstaat. Dadurch blieb er sich selbst zwar treu, brachte aber alle anderen Leute, die in der Partei waren und dieser positiv gegenüber standen, gegen sich auf.

Jahrzehnte später, als mein Vater jenseits der 60 Jahre alt war und nicht mehr lange zu leben hatte, sagte er mir einmal unter vier Augen, als meine Mutter nicht daheim war, dass diese geschilderten Erlebnisse das Maß zum Überlaufen gebracht hätten. Von diesem Moment an hätte er sich vorgenommen, mit uns das Land zu verlassen und in den Westen zu flüchten, weil er der Partei, der Stasi und allen Verantwortlichen der DDR weder vertraute noch eine vernünftige Politik zutraute. Seine Widerworte hätte er eingestellt und benahm sich unauffällig, sodass man ihm einerseits nichts vorwerfen konnte, da er und meine Mutter Angst hatten, dass man ihn ansonsten nach Bautzen oder Sibirien geschickt hätte. Andererseits hätte er an seinem Plan rund um unsere Flucht gearbeitet und wollte daher keine Schwierigkeiten provozieren ...

# DIE AUßENSEITERIN

Viele Freunde hatte ich nicht in Schönberg. Das galt übrigens auch für meine Eltern, wie ich bereits andeutete. In einer so überschaubaren Stadt, in der sich fast alle Einwohner kannten, fiel das schon auf. Man duzte sich zwar nicht mit allen, aber man kannte sich zumindest vom Sehen und durch das Tratschen mit Anderen erhielt man viele Informationen. Warum genau wir Außenseiter waren, wusste ich nicht. Ich weiß nur, dass ich meine gesamte Kindheit über eine Außenseiterin war. In der Schule wurde ich gehänselt, nicht zuletzt aufgrund der angeborenen Fehlstellung meines Halses und der „komischen Fragen", wie sie es nannten, die ich regelmäßig stellte. Zudem empfand ich viele Mitschüler als dumm und faul. Und wenn mich die Jungs gehänselt haben, dann habe ich zurückgeschlagen; zur Strafe durfte ich danach in der Ecke stehen oder nachsitzen, obwohl die Jungs angefangen hatten. Außerdem war der Unterricht nicht interessant, denn ich hörte dort immer nur eintöniges Zeug und wie toll die Partei doch sei. Und privat wollte eben niemand etwas mit mir zu tun haben, außer den drei Bauernkindern, mit denen ich auf die Felder ging und spielte.

Ein Beispiel, weshalb ich anders war als die anderen Kinder, ereignete sich, als ich acht Jahre jung war. In Schönberg hatte damals der erste Konsum eröffnet, das war eine Art Supermarkt, in dem man mit einem Einkaufskorb einkaufen konnte. Das war bis dahin nicht üblich gewesen, brachten doch alle Kunden ihre Tasche oder ihren Beutel mit, weil sie an einer Theke vom Personal bedient wurden. Jedenfalls wollte ich das einmal austesten und lief in den Konsum, um mit einem Einkaufskorb einzukaufen. Ich wollte einfach wissen, wie es sich anfühlte, wenn man durch ein Geschäft gehen und die Ware selbst in den Korb einpacken durfte. Ich kaufte eine Packung Streichhölzer und nutzte dafür natürlich den Einkaufskorb, denn darum ging es mir ja nun mal. Ich wollte austesten, wie dieses „neue Einkaufen" sich anfühlte. Die halbe Stadt hat mich daraufhin ausgelacht und meine Mutter schämte sich, weil diese Geschichte schließlich in ganz Schönberg die Runde machte. Meinem Vater war das gleich, der kümmerte sich nicht darum, was andere sagten, aber meine Mutter ...

Diese Rolle der Außenseiterin beinhaltete, dass ich konsequent gehänselt und getriezt wurde, wann immer und wo immer es nur ging. Ob es nun Schläge in der Schule waren, wo die anderen Kinder als Gruppe auf mich losgingen, oder in der Freizeit, wenn sie beispielsweise mit Stöcken nach mir warfen, oder einfach verbale Anfeindungen, indem sie mich mit Schimpfwörtern malträtierten: Alles war dabei. In der Schule ereignete sich einmal eine Situation, das war mitten im Unterricht. Unsere Klassenlehrerin war mal wieder schwanger und wir hatten eine neue Vertretungslehrerin, die ebenfalls schwanger war. Sie stand vor der Klasse, ihr Bauch war prall und groß. Wir sprachen über Politik und Konrad Adenauer. Uns wurde damals immer eingetrichtert, wie schlecht die politischen Maßnahmen und Akteure im Westen doch wären und dass bei uns in der DDR alles besser sei – so auch in dieser Unterrichtsstunde. Und als wir über Adenauer sprachen, meldete ich mich in meiner typischen Art zu Wort und sagte: „Aber eines ist im Westen viel besser als bei uns: Da gibt es Bananen und Apfelsinen, die wir hier nicht haben!" Ein Getöse erfüllte die Klasse, die anderen Schüler sprangen von ihren Sitzbänken auf und bewarfen mich mit Radiergummis, Stiften sowie Papier, bis die ersten vor beziehungsweise neben mir standen und auf mich einschlugen. Ich versuchte, mich zu wehren, doch es waren einfach zu viele. Also ließ ich mich unter meinen Tisch fallen, um den Schlägen zu entkommen, doch dann trafen mich Tritte. Von rechts, von links, von vorne und von hinten traten sie nach mir. Ein Glück, dass die Tische damals so konstruiert waren, dass das Holz als kleines

Schutzschild diente und ich nur aus diesen Winkeln getroffen werden konnte, nicht von oben. Bis die Lehrerin diese Meute nach einigen Minuten stoppte, droschen sie wie verrückt, völlig außer Rand und Band auf mich ein. Blaue Flecken und Schrammen trug ich an diesem Tag davon. So war das, wenn man seine Meinung äußerte und sie nicht konform mit der Partei war.

Ein anderes Mal, als wir zum Ende der Pause den Schulhof verließen und zurück in unsere Klassen – wir mussten uns dann immer zu zweit hintereinander aufstellen und die Pausenaufsicht gab uns ein Zeichen, wenn wir wieder ins Schulgebäude durften – gingen, hatte ich gerade die erste Stufe im Treppenhaus betreten, als ich von hinten geschubst wurde und nach vorne stürzte. Es ging so schnell, dass ich mich nicht mehr abfangen konnte und mit der Stirn auf den steinernen Stufenrand knallte. Es schmerzte sehr und der Schreck war so stark, dass ich regelrecht paralysiert war. Beim Aufstehen drehte ich mich um und wollte sehen, wer mich derart geschubst hatte, aber es stand niemand mehr unmittelbar hinter mir. In diesem Moment, als ich nach dem Übeltäter Ausschau hielt, bemerkte ich, dass ich auf einem Auge gar nichts mehr sah, weil mir Blut von der Stirn über das Gesicht lief und das Auge anschwoll. Eine Lehrerin trat an mich heran und fragte: „Warum bist du denn hingefallen und hast nicht besser aufgepasst?"

Ich antwortete: „Ich bin nicht hingefallen, sondern wurde geschubst!"

Sie schaute sich fragend um: „Wer hat dich denn geschubst?"

Ich hielt mir die Stirn vor Schmerzen: „Ich weiß es nicht."

„Also ich sehe niemanden", sagte die Lehrerin ziemlich unmotiviert. „Du musst gestolpert sein!"

„Nein, ich ..", aber die Lehrerin hörte überhaupt nicht mehr zu, sie hatte sich ihr Bild gemacht und war völlig kalt, richtig abweisend. Und helfen tat sie mir auch nicht wirklich. Einige Minuten später kam der Krankenwagen und ich wurde ins Krankenhaus gefahren. Der Arzt, der mich untersuchte, fragte, wie das passiert sei. Ich erklärte ihm, dass ich geschubst worden sei, woraufhin er sich wunderte, weswegen ich dann nicht auch sagen könnte, wer mich denn geschubst hätte. Komisch fanden beide, Lehrerin und Arzt, dass kein anderes Kind etwas gesehen hatte. Hätte mich jemand gestoßen, dann müsste es ja zumindest ein Kind geben, dass dies bezeugen könnte. Sie gelangten daher zu dem Schluss, dass ich beim nächsten Mal besser aufpassen sollte. Es würde nun schmerzen, aber das müsste ich aushalten und auf die Zähne beißen, da sie die Wunde klammern müssten. Dieser Vorgang wurde ohne Betäubung durchgeführt ...

Höhepunkt, wobei es für mich ein Tiefpunkt war, dieses Drangsalierens war allerdings eine Fahrt an die Ostsee im Sommer 1958. Ich war zwar nicht bei den Pionieren, da meine Eltern gegen die Partei und somit auch gegen die Pioniere, die sozusagen die Kinder schon parteikonform erzogen und beispielsweise jeden Sommer auf Ferienfreizeit fuhren, waren. Aber in eben diesem Sommer durfte ich mitfahren, weil alle Kinder aus Schönberg, die in meinem Alter oder älter waren, schon mitgefahren waren und ich auch wollte. Außerdem fuhren sie zur Ostsee und die hatte ich noch nie gesehen. Die Vorstellung, an der See zu stehen und nur das Wasser zu sehen, faszinierte mich. Ich drängte und quengelte und bat meine Eltern um die Erlaubnis, bis sie irgendwann nachgaben – nach dem Motto: „Wer nicht hören will, muss fühlen." Ich ahnte ja nicht, wie schlimm es werden würde.

Jedenfalls fuhr ich mit und freute mich riesig auf die Ostsee, doch meine positiven Gefühle wurden schnell getrübt. Als wir am Strand waren, folgte eben der Höhepunkt des Drangsalierens: Am anderen Ufer standen Menschen, die uns winkten. Ich winkte zurück, weil ich mich freute und höflich sein wollte. Was ich nicht wusste: Bei den winkenden Personen handelte es sich um West-Bürger. Und denen zu winken, das war wie Hochverrat. Einer der Betreuer rannte wie ein wilder Stier auf mich zu, packte mich energisch im Nacken, trug mich ins Wasser und dubbte meinen Kopf unter Wasser. Ich kämpfte und schlug um mich, wehrte mich im wahrsten Sinne des Wortes mit Händen und Füßen, aber da es ein Erwachsener war, der mich in diesem

Moment attackierte, war es unmöglich, sich zu befreien. Nach eini gen Sekunden hob er mich aus dem Wasser und ich schnappte nach Luft, wurde jedoch sofort wieder unter Wasser gedrückt. Es wurden immer mehr Sekunden, die ich unter Wasser war, und er zeigte keine Anstalten aufzuhören. Ich hatte Angst, bekam kaum noch Luft. Ich verspürte zum ersten Mal in meinem Leben richtige Todesangst!

Ja, das war keine schöne Situation! Unter Wasser sah ich kleine Pflanzen und Tiere, wobei ich nicht weiß, ob das Wirklichkeit oder schon erste Anzeichen von Bewusstseinsverlust waren. Vom Ufer aus lachten mich einige Kinder lauthals aus, andere wiederum weinten; beides hörte ich, wenn mein Kopf aus dem Wasser kam. Es klatschte jedes Mal, wenn er mich unter Wasser dubbte, und meine Ohren schmerzten.

Irgendwann stellte ich jeglichen Widerstand ein, da es zwecklos und ich wie paralysiert war. Zudem war es eine große Diskrepanz, denn ich hatte mich so sehr auf die Ostsee gefreut und nun konnte ich sie überhaupt nicht richtig genießen. Im Gegenteil: Ich würde für immer einen schweren Klumpen, gefüllt mit diesem grauenhaften, schrecklichen Erlebnis mit mir herumtragen müssen ...

Als er nach einiger Zeit, die mir wie 15 Minuten vorkam, endlich aufhörte, war ich völlig fertig und total erschöpft. Mein Hals schmerzte, mein Nacken tat weh und die Ohren brannten, ich lief an den Strand, weit weg vom Wasser. In diesem Moment übermannte mich ein Gefühl der Machtlosigkeit: Einerseits hatte ich keinerlei Chancen, mich gegen diesen Betreuer, gegen diese Gruppe und damit gegen dieses System durchzusetzen. Solange ich nicht nach ihrer Pfeife tanzte und gegen den Strom schwamm, würden sie mich weiterhin triezen und spüren lassen, dass ich die Außenseiterin bin. Andererseits konnte ich auch nicht zu meinen Eltern und mich ausheulen, denn sie hatten mich im Vorhinein ja mehrfach gewarnt und nicht gewollt, dass ich mitfahre. Meine gesamte Kindheit hatten sie mich bis zu diesem Augenblick vor den Pionieren und somit auch vor der Partei schützen wollen. Und nun war ich mitgefahren, weil *ich* es wollte und weil *ich* so lange dafür gequengelt hatte. Jetzt bei ihnen auf der Matte zu stehen und Mitleid zu finden, das ging nicht.

Für den Rest des Tages beziehungsweise den Rest der Tour war ich bedient und wollte nur noch nach Hause. Mit den Pionieren wollte ich ebenso wie mit diesen Kindern sowie Leuten nichts mehr zu tun haben.

Diese beiden Ereignisse, speziell aber das an der Ostsee, haben mich für immer geprägt, denn ganz so leicht konnte man mir seither weder Angst noch Schrecken einjagen. Gleichzeitig sorgten all diese Erfahrungen, die die Rolle der Außenseiterin mit sich brachte, auch dafür, dass ich keine sonderlich guten Erinnerungen an meine Kindheit, an Schönberg und somit an die DDR hatte beziehungsweise habe.

# DAS TAXI

Und dann kam der 13. April 1960. Ich erinnere mich noch genau daran, wie wir an diesem Tag Sport in der Schule hatten; Turnen. Das war mittags. Meine Schule in Schönberg war die „Schule am alten Damm“, auf die auch ein Sohn aus der Firmengründer-Familie Siemens ging. Er unterstützte die Schule nach der Wende, weil er sie eben als junger Schüler eine Zeit lang besucht hatte. Neben dieser Schule war eine Kaserne, in der russische Soldaten untergebracht waren. Wenn man die Hauptstraße durch Schönberg entlangging, musste man irgendwann nach rechts abbiegen. Nach links ging es von der Hauptstraße ab zum Krankenhaus und einem ganz großen Sportplatz, auf dem die Schönberger Fußballmannschaft spielte und wo nach der Wende der FC Bayern München im Pokal auflief. Die Hauptstraße ging weiter geradeaus, über den Fluss, die Maurine, und einen anderen kleinen Fluss, an dessen Namen ich mich jedoch nicht mehr erinnere. Und wenn man diesen Weg ging oder fuhr, sah man auch eine Brücke, die über die Eisenbahnlinie führte. Ich erinnere sie als silberne, rund geschwungene Brücke. Über diese Brücke durfte man nicht gehen, das war tabu! Man durfte nicht auf und erst recht nicht über diese Brücke, denn hinter ihr begann das Sperrgebiet. Das war in etwa vergleichbar mit dem sogenannten Zonenrandgebiet in der Bundesrepublik, nur dass man in der DDR in dieses Sperrgebiet lediglich mit einer Erlaubnis beziehungsweise einem Passierschein durfte.

Wie gesagt: Ich kann mich noch genau daran erinnern, dass wir Turnen in unserer großen Sporthalle hatten. Ich hatte damals keinen richtigen Spaß am Turnen, weil ich insgesamt dreimal am Hals operiert worden war und mich die Folgen dieser OPs zu dieser Zeit noch beeinträchtigten. Nach der dritten Operation ist die Wunde nicht richtig verheilt und ich wurde eigentlich nie richtig an Sport herangeführt. Deshalb hatte ich generell keine wirkliche Verbindung zum Sport aufgebaut. Ich war daher froh, dass ich nicht mitturnen musste und stattdessen verkünden konnte: „Ich gehe heute nach Hause und brauche nicht bis zum Ende der Turnstunde hier zu bleiben."

„Ja? Wieso gehst du denn nach Hause und musst nicht bis zum Ende des Sportunterrichts bleiben?"

„Ich fahre mit meiner Mama zu meiner Tante Herta."

Als Antwort darauf gab es ein großes Gelächter, denn ich war ja nicht beliebt in der Klasse. „Wer ist denn deine Tante Herta?", fragten sie mich.

„Ja, das ist meine Patentante, die wohnt in Pieversdorf, da hat die einen Bauernhof und die besuchen wir jetzt über Ostern."

Es war nämlich der letzte oder vorletzte, ich erinnere mich nicht mehr ganz genau, Tag vor dem Beginn der Osterferien in der DDR. Meine Eltern hatten mir erzählt, dass meine Mutter mit mir zu meiner Patentante nach Pieversdorf fahren würde, und ich fand es immer toll bei der Tante Herta. Sie war eine Schwester meines Vaters und wir waren immer mal wieder zu Besuch dort.

Interessanterweise hatten wir bei eben dieser Tante auch unser letztes Familientreffen, das war im Januar 1960, woran alle Verwandten aus der Linie meines Vaters teilnahmen. Tante Hertas ältester Sohn hatte nämlich geheiratet und zudem war Hertas Tochter das Patenkind meiner Mutter, also hatten wir mehrere Gründe, im damaligen Januar dort zu sein. Zu dieser Hochzeit war auch die Halbschwester meines Vaters gekommen, was durchaus sehr besonders war, denn sie wohnte schon damals in Lübeck. Sie war also aus dem Westen zu dieser Feier angereist und das war etwas ganz Besonderes. Da die Mauer noch nicht existierte, konnte man 1960 noch ohne Schwierigkeiten vom Westen in die DDR und wieder zurück kommen, als es später der Fall war – wobei es deutlich leichter war, aus dem Westen zu kommen. Du wurdest zwar an der Grenze kontrolliert, aber du konntest dann rein in die DDR und dich frei bewegen. Das war nach dem Mauerbau 1961 ja nicht mehr ganz so. Du durftest zwar aus dem Westen immer noch in die DDR rein, aber wenn du beispielsweise von Hamburg nach Berlin wolltest, durftest du nur auf der Autobahn fahren und nicht vorher abbiegen oder die Autobahn verlassen. Nur im Notfall, wenn der Tank leer ging oder etwas Ähnliches war, durftest du die Autobahn verlassen. Ansonsten war das strengstens verboten!

Ich mochte die Tante Herta besonders gern, weil sie eine unbeschreiblich bodenständige und eigenständige Bauernfrau war, die ihre vier Kinder allein durchgebracht hatte, weil ihr Mann aus dem Zweiten Weltkrieg nicht zurückgekommen war. Sie war gekennzeichnet von schwerer Arbeit auf dem Bauernhof, aber unheimlich herzlich. Sie ist zum Beispiel mit mir Kühe hüten gegangen, das kann man sich heute wohl gar nicht mehr vorstellen, dass man damals Kühe hütete. Und jedes Mal haben wir uns dabei sehr viel unterhalten, wenngleich ich mich an die einzelnen Gespräche und Gesprächsthemen nicht mehr erinnern kann. Ich weiß dafür aber noch sehr genau, dass diese Tante bei mir eine ganz liebevolle, bodenständige Erinnerung hinterlassen hat. Und deswegen habe ich mich damals, an diesem 13. April 1960, auch so gefreut, dass wir über Ostern zu ihr fahren würden. Ich bin also aus der Schule nach Hause und nicht in die Sporthalle. Erstaunlicherweise war mein Vater schon daheim. Normalerweise arbeitete er um diese Uhrzeit, es war, wie gesagt, mittags, noch. Er fuhr ja mit seinem Fahrrad, dem sogenannten Drahtesel, von Dorf zu Dorf und das dauerte normalerweise bis mindestens Nachmittag. Deshalb habe ich mich gewundert und konnte gar nicht verstehen, warum mein Vater zuhause war. Und was noch merkwürdiger war: Meine Eltern, insbesondere meine Mutter, waren in einer seltsamen Verfassung, das habe ich schon sehr genau geschnallt damals.

Wie unsere Wohnung aussah, habe ich ja bereits beschrieben. In unserem Wohnzimmer gab es eine Tür, die in ein anderes Zimmer führte. Diese Türe war, solange ich dort wohnte, abgeschlossen und von beiden Seiten, also sowohl in unserem Wohnzimmer als auch von der anderen Seite, mit Möbeln blockiert. Denn in diesem Raum wohnte die Tochter unserer Vermieterin mit ihrem Mann und ihrem Baby. Wir konnten – je nach Lautstärke natürlich – alle Geräusche von denen mitkriegen und die konnten alle Gespräche von uns mithören.

Jedenfalls haben meine Eltern mich sofort, als ich nach Hause gekommen war, ins Wohnzimmer geführt und die Tür abgeschlossen. Und im Wohnzimmer hat mich irgendwie der Schlag getroffen: Meine Eltern hatten ein englisches Buffet, so nannte sich das. Das war so ein Schrank aus glänzendem Holz, ich weiß nicht, was das war, vielleicht Palisander, und der war halbhoch, wie eine Theke, mit geschwungenen Beinen. Auf diesem Buffet standen ganz viele Vasen und Porzellanschüsseln und Gläser. Und dieses ganze Zeug, alle diese Dinge, waren irgendwie weg. Das Buffet war sozusagen nackt. Ich habe das gar nicht verstanden und mich sehr gewundert. Vielleicht wollte meine Mutter Hausputz machen? „Ja", haben sie mir erzählt, „wenn wir zwei jetzt in Pieversdorf sind, dann macht der Papa die Wände sauber." Deshalb hätten sie aufgeräumt.

Dann kam aber noch etwas Ungewöhnliches, denn meine Mutter kam mit einer Schüssel, mein Vater brachte warmes Wasser aus der Küche und dann wurde ich gewaschen. Gleich, nachdem er zurück im Zimmer war, schloss er die Tür wieder ab. Es war aber gar nicht Freitag, irgendwie passte das also gar nicht, denn freitags war unser Waschtag, an dem wir in der Küche gebadet haben. Ich durfte immer als erstes ins Wasser, danach ging meine Mutter ins Wasser und dann mein Vater. Daher war es einfach ungewöhnlich, dass ich jetzt gewaschen wurde. Ich stand nackt in der Schüssel und meine Mutter wusch mich von oben bis unten ab.

Und dann habe ich gesehen, dass mein gutes Perlonkleid auf dem Sofa lag. Das war ein Stoff, den hatte mein Vater mal irgendwo angeboten bekommen. In der DDR war ja alles immer ein Glückskauf, wenn du etwas Besonderes kriegen konntest – reines Glück! Diesen Stoff hatte man ihm angeboten, als ich 1959 im Krankenhaus lag wegen der dritten Hals-OP, wodurch mein Schiefhals verschwinden sollte. Fast sieben Wochen lag ich dort. Die eine Wunde hatte sich nachher so entzündet, dass ich, nachdem ich aus dem Krankenhaus entlassen wurde, jeden zweiten Tag aus der Schule direkt zum Krankenhaus musste, wo die Wunde mit Äther gereinigt und danach neu verbunden wurde. Das war ganz fürchterlich! Mein Vater hatte also diesen Stoff damals mitgebracht, meine Mutter daraus ein wunderschönes Kleid nähen lassen und dieses Kleid hatte ich dann zum ersten Mal auf der besagten Hochzeit meines Cousins bei meiner Tante Herta getragen.

Für die Fahrt durfte ich nun erneut dieses Kleid anziehen? Ich habe die Welt nicht mehr verstanden, dass ich mein *gutes* Kleid angezogen bekomme *und* gewaschen werde, bevor wir zur *Tante Herta* auf den Bauernhof fahren. Das habe ich alles nicht verstanden, weil es einfach überhaupt nicht zusammen und überhaupt nicht zu unseren üblichen Abläufen passte. Ich war aufgeregt, dass ich vom Sportunterricht früher nach Hause durfte; wie ich Zuhause empfangen wurde; dass mein Vater da war; dass ich jetzt gewaschen wurde; dass das Wohnzimmer so seltsam aussah; dass meine Mutter in einer so komischen Stimmung war, so hatte ich sie niemals zuvor erlebt; dass ich mein Perlonkleid anbekam.

Und dann war noch so ein Ereignis, dass nicht passte und das Ganze noch komischer werden ließ: Mein Vater oder meine Mutter gab mir ein Autogrammbild, weil ich ein Autogramm von einer jungen Sängerin oder Schauspielerin, das weiß ich auch nicht mehr genau, ich erinnere mich nur noch, dass sie hübsch und blond war, bekommen hatte. Ob das an diesem Tag mit der Post eingetroffen war oder ob sie es versteckt hatten und mir an diesem Tag erst gaben, weiß ich nicht mehr, aber sie gaben es mir. Und ich fragte mich: Weshalb erhalte ich denn nun auch noch diese Autogrammkarte?

Irgendwann, weil ich so irritiert und verwundert war, habe ich angefangen zu fragen: „Was hat das alles zu bedeuten?“ Denn sie schlossen auch immer wieder das Wohnzimmer ab, wenn sie es verließen oder wieder betraten. Nachdem ich mehrmals gefragt hatte, sagten meine Eltern mir dann, dass meine Mutter mit mir nicht nach Pieversdorf zu Tante Herta fahren würde, sondern zur Tante Emma. Und da war ich dann ganz baff!

Ich sagte zu meiner Mutter: „Mama, die Tante Emma wohnt doch in Lübeck."

„Ja."

„Und Lübeck ist doch im Westen."

„Ja."

„Wie kommen wir denn dahin?"

„Es kommt gleich das Taxi und das Taxi fährt uns dorthin."

„Und das fährt dann mit uns über die Brücke?"

„Ja."

„Dürfen wir das denn?"

„Ja, du und die Mama dürfen nach Lübeck reisen." Sie antwortete bestimmt, überzeugt und kurz angebunden.

Das war natürlich eine Nachricht, da wusste ich gar nicht mehr, wie mir geschieht. Ich war platt, einfach baff, weil ich das gar nicht richtig verarbeiten konnte. Dann hat meine Mutter den Finger gehoben und, so ernst es nur möglich war, zu mir gesagt: „Und du sprichst mit *keinem* Menschen irgendetwas. Du sagst *nur*, wie du heißt und wo du wohnst. Und ansonsten sagst du zu niemandem irgendetwas, bevor ich dir nicht sage, dass du sprechen darfst. Hast du mich verstanden?" Sie kam näher an mich heran und schaute mir tief in die Augen: „Karoline, du sagst nichts!" Das ist mir alles so genau in Erinnerung geblieben, die ganze Szenerie und ihre Worte, ich habe das heute noch vor Augen und in den Ohren. Meine Eltern haben ja des Öfteren mal ernst mit mir gesprochen, aber so ernst, in diesem Befehlston und so einfordernd? Nein, nie zuvor.

Dann jedoch wurden meine Eltern zunehmend nervöser, weil das Taxi einfach nicht kam. Damals war das bei uns so, dass man ein Taxi nicht mal eben anrufen konnte und einige Minuten später fuhr es vor dem Haus vor. Erstens besaß man kein eigenes Telefon zu dieser Zeit, schon mal gar nicht in unserer Gegend. Zweitens gab es nur ein einziges Taxi in ganz Schönberg, das man lange vorbestellen musste, damit der Taxiunternehmer seinen Plan erstellen konnte, wann er wen wo abholt und wohin er fährt. Die Wege waren damals ja auch länger und das Ganze war viel komplizierter als heute. Offensichtlich war das Taxi für 12:00 Uhr oder 13:00 Uhr bestellt, das weiß ich nicht mehr genau; jedenfalls kam es immerzu nicht. Wir haben im Wohnzimmer gewartet, damit niemand Verdacht schöpfen oder uns ansprechen konnte. Die Blumen standen alle am Fenster, die Gardinen hingen unverändert dort, sodass alles normal aussah. Weil aber das Taxi nicht kam und nicht kam, wurde meine Mutter immer nervöser – mit jeder Minute, wenn man so möchte. Dann kam mein Vater plötzlich in das Wohnzimmer und sagte: „Das Taxi ist da!" Und du hast bei meiner Mutter gemerkt, wie der eine riesige Last von der Seele fiel, man hörte den sprichwörtlichen Stein regelrecht auf den Boden fallen …

Ich hatte in der Zwischenzeit meinen Schultornister aufgezogen bekommen. Die Schulsachen hatten sie herausgeholt und stattdessen zwei Bücher reingepackt. Das waren Kinderbücher, einmal das Wachstuchpferdchen, das mit sozialistischen Träumen um die Welt reiste und in dem man Bilder ausmalen konnte, und ein Band mit Tierfotos, den ich im Krankenhaus bekommen hatte. Beide Bücher habe ich bis heute noch, sie stehen in meinem Schrank. Dazu hatte ich noch eine kleine Schildpuppe, die ich als Baby bekommen hatte. Ich hatte aber auch noch eine gute Puppe, die ich zu Weihnachten geschenkt bekommen hatte, mit Haaren, die man kämmen konnte. Raus auf die Straße durfte ich mit dieser Puppe nicht, da ja etwas mit ihr passieren hätte können. Interessanterweise durfte meine Cousine, die ebenfalls eine Puppe mit Puppenwagen hatte, aber mit eben dieser, meiner, Puppe spielen, als wir ausgetauscht wurden; ausgetauscht bedeutet, dass ich für einige Tage bei ihrer Mutter lebte und sie bei meiner, das war einige Jahre vor der Flucht; mein Puppenwagen ist prompt kaputt gegangen, als sie damit draußen war … Und diese Puppe durfte ich jetzt nicht mitnehmen, weil die auf uns warten würde, bis wir wieder da wären, erklärten meine Eltern. Oft habe ich mich später und noch viele Jahre danach gefragt, ob ich auch ein Kuscheltier hatte, aber ich weiß es nicht mehr. Jedenfalls hat meine Mutter noch etwas in den Schulrucksack gesteckt, an das ich mich nicht mehr erinnere. Und ich sollte ein Pompadourbeutelchen tragen, das ich noch viele Jahre lang besessen habe. Es war aus ganz feinem Leder und da hatte sie damals den silbernen Wecker meiner Eltern reingepackt.

Wir sind dann raus aus dem Haus und sofort ins Taxi gestiegen. Meine Mutter trug eine lederne Reisetasche, einen Koffer und ein Netz, dessen Inhalt ich nicht kannte. Welche Kleidung sie trug, weiß ich nicht mehr, nur, dass sie einen grauen Wollmantel anhatte. Wir sind in das Taxi, ein schwarzer Wartburger mit weiß-schwarzen Streifen an der Seite, eingestiegen und wir wohnten ja genau gegenüber von der Molkerei damals. Die Hauptstraße führte vor dem Haus entlang und daneben in eine Seitenstraße, die Schlauentrift, in der es zur Schmiede, zur Kneipe, in der ich ab und zu für meinen Vater einen Krug Bier holte, und zum Bäcker ging. Damals war es so, dass, wenn die Frauen Kuchen oder Brot backten, sie mit dem Teig in der Form zum Bäcker gegangen sind und dieser für sie den Kuchen oder das Brot mitgebacken hat.

Als das Taxi losfuhr, gab es keine große Verabschiedung von meinem Vater, der dort blieb, denn das hätte ja auffällig sein können. Dass ein Taxi bei uns vor der Tür stand und wir auch noch einstiegen, hatte ich bis dahin noch nie erlebt; das war schon speziell genug. Es waren so viele Eindrücke und Emotionen, dass ich sehr aufgewühlt und bewegt war. Und als wir um die Ecke fuhren, das erinnere ich ganz genau, kam uns die Frau Venske entgegen. Das war die alte Frau, die in der ersten Etage auf der einen Seite neben unserem Schlafzimmer wohnte und sich manchmal um mich kümmerte, damit ich nicht allein war, wenn meine Mutter und mein Vater mal nicht da waren. Wir hatten ein freundliches Verhältnis zueinander. Und die kam mit ihrer Kuchenform, einer Gugelhupf-Form, um die Ecke vom Bäcker zurück, hat uns zugewunken und sich dann mit der Hand die Augen abgewischt. Da fragte ich meine Mutter: „Warum weint die Frau Venske denn?“

„Sie hat geweint? Och, vielleicht geht’s ihr nicht gut oder sie ist traurig, dass du dieses Jahr an Ostern nicht da bist.“

Das hat mich völlig irritiert. Und das ist mir genau in Erinnerung geblieben, wie diese alte Frau dort gestanden hat und ganz traurig mit ihrem Kuchen in der Hand gewunken und sich die Tränen aus den Augen gewischt hat. Sie war damals eine Art Oma-Ersatz für mich, weil ich so gesehen ja keine Großeltern hatte, da sie so früh verstorben waren.

Dann sind wir die Schlauentrift durch, vorbei an der Gaststätte, vorbei am Bäcker sowie vorbei an der Schmiede. Am Ende der Straße gab es noch einen kleinen Laden, in dem es Spielzeug gab, an dem sind wir auch vorbeigefahren und auf die Marienstraße gebogen. Und dann sind wir nicht nach links gefahren, wie es eigentlich üblich war, denn dort war die Bushaltestelle, wo wir normalerweise in den Bus einstiegen, wenn wir denn mal aus Schönberg hinausfuhren, um nach Rehna zu kommen, wo wir in einen anderen Bus umgestiegen sind, der nach Pieversdorf fuhr. Nein, nun sind wir mit dem Taxi nach rechts abgebogen, die Straße hinaufgefahren und zum Marktplatz gekommen, wo links die Kirche stand. Weiter ging es nach rechts, die Straße entlang, vorbei an meiner Schule und der Kaserne, weiterhin bergauf, schnurstracks auf die Brücke zu – und über die verbotene Brücke hinüber.

„Mama …“, sagte ich, denn ich musste sie einfach ansprechen, wir fuhren schließlich über *diese* Brücke, über die man doch gar nicht fahren durfte.

„Karoline, du sagst nichts!“, beendete sie mit aller Strenge und hochgezogenen Augenbrauen meinen noch nicht ausgesprochenen Satz.

Leider habe ich dann kaum noch Erinnerungen an die Fahrt, wo sie entlangführte und wo wir vorbei beziehungsweise durchfuhren, weil ich so baff war. Jahre später fand ich heraus, dass wir von Schönberg nach Dassow und von dort nach Selmsdorf gefahren waren, eine andere Route war nämlich nicht erlaubt damals. Wir waren im völligen Neuland, ich habe nur noch gestaunt und wusste nicht, wohin mit meinen Emotionen, das weiß ich noch, aber mehr erinnere ich von der Fahrt nicht …

# DIE EIER

Ich kann mich aber noch sehr gut daran erinnern, wie wir zu einer Baracke gekommen sind und das Taxi dort hielt. Wir sind ausgestiegen und mit unserem Gepäck zur Baracke. Auf diesen paar Metern schaute meine Mutter zu mir herab und befahl: „Karoline, du sagst nichts!" Wir sind eingetreten und haben gewartet. Dort saßen ein paar andere Leute. Und es waren Männer in der Baracke, die Uniformen trugen, vielleicht waren sie von der Vopo, das weiß ich nicht. In jedem Fall kam nach einiger Zeit ein Mann in Uniform auf uns zu, führte uns zu einer Art Schalter und sprach meine Mutter an: „Sie sind bitte wer? Kann ich mal ihren Pass und ihre Papiere sehen?"

Meine Mutter nannte ihren Namen und legte ihre Unterlagen vor.

„Sie reisen in den Westen, zu Verwandten?"

„Ja, zu meiner Schwägerin, der Schwester meines Mannes."

Dann warf er einen Blick auf unser Gepäck: „Was haben Sie denn alles dabei?"

Meine Mutter stellte ihr Netz auf die Ablage und darin war etwas, das in Zeitungspapier eingepackt war: „Da habe ich Eier drinnen, denn wir haben bald Ostern", antwortete sie.

Der Mann schaute hinein, verzog das Gesicht und fragte: „Wie viele Eier sind das denn?"

„30", sagte meine Mutter.

„Was wollen sie denn mit den ganzen Eiern?"

„Ich weiß ja nicht, wie es meiner Schwägerin geht. Hühner hat sie auf keinen Fall, das weiß ich. Und wir haben ja bald Ostern, ich habe mein Kind dabei und meine Schwägerin hat Familie. Da brauchen wir ein paar Eier."

„Aber doch keine 30!?“ Der Mann inspizierte uns, spähte kritisch auf den Koffer und die Tasche. „Was haben Sie denn noch dabei?“

Meine Mutter musste ihre Reisetasche öffnen und er durchwühlte das Innenleben, das überwiegend aus meiner Kleidung bestand. Dann musste sie ihren Koffer öffnen, indem ihre Kleidung war. Außerdem hatte sie darin auch noch eine weiße Tischdecke, weiße Bettwäsche und zwei Bilder mit Rahmen; das eine zeigte eine Herbstlandschaft, ein Feld mit einem großen Baum sowie dem Himmel, und das zweite zeigte ein Bauernhaus.

Als der Mann das alles sah, zeigte er sich sehr überrascht: „Was haben Sie denn für Sachen dabei? Besitzen die keine Bettwäsche da drüben?“

„Wissen Sie, meine Nichte, die verlobt sich jetzt, an Ostern, und ich wollte ihr wenigstens ein kleines Geschenk mitbringen – und Aussteuer kann man ja immer gebrauchen.“

„Ah ja, ja, das verstehe ich!“, nickte er und fragte dennoch kritisch: „Aber die Bilder?“

„Das sind Geschenke meines Mannes an seine Schwester, zwei Familienstücke von früher und er möchte, dass sie diese als Erinnerungsstücke bekommt, weil sie ja nicht mehr Zuhause lebt.“

„Haben Sie da irgendetwas gemacht?“, fragte er ernst.

„Gemacht? Was meinen Sie denn?“

„Ja, haben sie in den Bildern etwas versteckt? Hinter dem Bild oder in dem Rahmen?“

„Nein, warum sollte ich das tun?“

„Sie entschuldigen, dass ich das mal eben kontrolliere?!“

Natürlich gab meine Mutter ihm ihre Zustimmung. Also drehte er das Bild um, sodass die Rückseite zu sehen war und schnitt es vom Rahmen los, um es herausnehmen und alles abtasten sowie beäugen zu können. Es war aber nichts drinnen. Dann tat er selbiges mit dem anderen Bild, ebenfalls ging seine Suche leer aus.

Ich habe die ganze Zeit nur zugeschaut und immer wieder meine Mutter angesehen, aber sie gab mir kontinuierlich, seit wir in die

Baracke eingetreten waren, ganz klare Zeichen, dass ich nichts sagen sollte. Kein einziges Wort wollte sie hören, ihre bierernsten Blicke mir gegenüber sprachen Bände. Die Devise war klar: Bloß nichts sagen, bloß nichts fragen, einfach nur den Mund halten.

„Gut, Frau Möller, das ist alles in Ordnung“, teilte der Mann uns schließlich mit, verzog dann jedoch abermals das Gesicht: „Aber das mit den 30 Eiern .., das geht nicht. Das können wir nicht machen!“

„Um Gottes Willen“, sagte meine Mutter: „Ich habe das nicht gewusst. Ich wollte da keine Schwierigkeiten machen.“

„Ja, das unterstelle ich ihnen jetzt auch nicht, aber sie können die Eier nicht mitnehmen.“

Sie zuckte mit den Achseln und schob anschließend die Eier in seine Richtung: „Tja, wenn das nicht geht, dann schenke ich sie ihnen.“

Der Mann schreckte zurück, ging auf Distanz und wurde energisch: „Bloß nicht, das wäre Bestechung! Das machen wir bloß nicht!“

„Ja, aber was soll ich denn nun machen? Ich habe doch jetzt kein Taxi, um nach Hause zu fahren und sie zurückzubringen. Meine Schwägerin steht drüben und wartet auf mich.“

„Wir können die ja einpacken und zurück zu ihrem Mann schicken“, schlug er selbstlobend vor.

„Dann gehen die Eier doch kaputt, wenn die in einem Paket sind, so eine Sauerei möchte doch niemand“, argumentierte meine Mutter und führte aus: „Dann kann ich gleich nach draußen gehen und sie in den Graben vor der Baracke schmeißen.“

Der Mann schrie beinahe auf: „Nein, das geht doch nicht! Das wäre eine Verschwendung.“

Stille folgte, weil meine Mutter wartete und er überlegte. Er überlegte und dachte nach. Und ich stand die ganze Zeit daneben und fragte mich, warum man denn keine 30 Eier mitnehmen dürfe, wenn man in den Westen ginge. Ich habe das einfach nicht verstanden, weshalb das nicht möglich war. Sehr wohl verstand ich jedoch, dass wir nicht weiter konnten, solange dieses Problem nicht gelöst war.

Nach einigen Sekunden sagte der Mann: „Warten Sie, ich gehe mal eben meinen Vorgesetzten fragen, vielleicht weiß der ja eine Lösung."

Er verschwand aus unserem Sichtfeld und wir warteten. Meine Mutter war fix und fertig. Es war mir ja ohnehin von ihr verboten worden, aber ich traute mich auch gar nicht mehr, sie anzusprechen, weil sie so angespannt und fertig war. Als Kind, wenn auch erst neun Jahre alt, merkst du ja, wenn deine Eltern fertig sind und nicht mit dir sprechen wollen und du sie lieber in Ruhe lassen solltest. Du merkst einfach, dass irgendetwas nicht stimmt; so war das in diesem Fall. Und es dauerte, bis der Mann zurückkam, unglaublich, wodurch die Anspannung bei meiner Mutter nur noch größer wurde. Wenn man in Unsicherheit schwebt und ohnehin schon sehr angespannt ist, dauert ja sowieso alles noch viel länger. Es fühlte sich wie eine halbe Ewigkeit an, tatsächlich.

Irgendwann kam er zurück und teilte uns mit: „Also, Frau Möller, ich habe mit unserem Chef gesprochen. Sie sind ja noch nie im Westen gewesen und konnten es daher wohl auch nicht wissen, dass man diese 30 Eier nicht mitnehmen darf. Wie auch immer: Wir machen heute bei Ihnen mal eine Ausnahme und Sie dürfen Ihre Eier mitnehmen", schilderte er ruhig und wurde dann bitterernst: „Aber wenn Sie zurückkommen ... Wie lange bleiben Sie überhaupt weg?"

„14 Tage bleiben wir", antwortete meine Mutter.

„Ah ja. Wenn Sie zurückkommen, das sage ich ihnen jetzt schon einmal vorab, dürfen Sie ein halbes Pfund Kaffee mitbringen, sie dürfen auch 100 Gramm Schokolade und 250 Gramm Kakao dabei haben und sonst nichts." Der Mann zählte neben Schokolade und Kakao noch einige weitere Lebensmittel auf, deren Mengen ich zwar nicht mehr weiß, er nannte sie aber alle ganz exakt.

Und als er fertig war, all diese Dinge aufzuzählen, übergab er meiner Mutter eine Art Ausweis sowie eine Bescheinigung. Wie ich erst während meiner Recherche im Rahmen dieses Buches, 60 Jahre später, anhand der hinterlassen Unterlagen meiner Eltern festgestellt habe, handelte es sich bei diesem Ausweis um einen Ersatzpass.

Er bestand aus drei ausweisähnlichen Blättern, die lediglich zusammengetackert wurden. Die Personalien meiner Mutter sowie ihre Anschrift wurden darauf vermerkt und ein Passfoto, das sie zeigte, auf einer Seite befestigt. Auf der letzten Seite befand sich ein Stempel der Kontrollstelle Selmsdorf, mit dem Datum der Ausreise beziehungsweise des Grenzübertrittes vom 13. April 1960. Ganz offensichtlich musste meine Mutter also ihren regulären Personalausweis damals in der Baracke abgeben.

Anschließend gingen wir aus der Baracke heraus – und zwar durch den Hinterausgang. Die Baracke war ein langgezogenes Gebäude, durch das man einige Zeit ging, um an das andere Ende zu gelangen. Sie war aus Holz gebaut und sah aus, wie die typischen kleinen Baracken nach dem Krieg eben aussahen: Ein paar Sitzbänke und langgezogene Räume befanden sich in ihr, von außen sah sie alt, gebrechlich und schlicht aus. Die Stimmung in der Baracke war äußerst unangenehm und das sage ich nicht nur, weil wir, meine Mutter und ich, angespannt waren, sondern weil die ganze Atmosphäre schlicht unangenehm war. Auf den Bänken saßen einige andere Leute, wie viele es genau waren, weiß ich nicht mehr, aber es waren nicht allzu viele, und die kamen entweder zurück aus dem Westen oder wollten wie wir in den Westen. Eine Tür war an der Vorderseite, durch welche man eintrat, und eine an der Hinterseite, sodass man nicht unkontrolliert durch die Baracke hinein- beziehungsweise herausgehen konnte. Um das Gebäude herum standen Männer in Uniformen, die es bewachten und alles observierten, sodass man wirklich nur durch die Baracke gehen konnte. Ich meine, dass diese Leute in Uniform bewaffnet gewesen waren, aber ich weiß es nicht mehr genau; meine Hand kann und möchte ich diesbezüglich nicht ins Feuer legen …

Wir sind also raus aus der Baracke und vor uns wartete eine große, freie Fläche. Es war ein grauer Tag, etwas nebelig und diesig, aber kein Regen. Ungefähr eineinhalb Stunden hatten wir insgesamt in der Baracke verbracht und dann sahen wir: nichts! Kein Baum, kein Busch, erst recht keinen Menschen, einfach nichts, das man mit Leben verbunden hätte. Die Strecke, als Kind schätzt man das mit anderen Augen, aber ich sehe es noch genau vor mir, wie wir aus dem Hinterausgang kommend die Baracke verließen und mehrere Kilometer weit nur wildes Ackerland sahen. Die Strecke war so lang, dass man nicht sehen konnte, wo wir hingehen beziehungsweise ankommen würden. Meine Tante zum Beispiel konnte ich nicht sehen, ebenso keine Häuser oder andere Gebäude am Horizont. Der Mann in Uniform verabschiedete uns an der Tür und dann sind wir, meine Mutter vor und ich hinterher, mit Koffer, Netz und Tasche beziehungsweise Beutelchen in den Händen sowie meinem Tornister auf dem Rücken zu Fuß losgegangen.

Wir sind zu Fuß in den Westen gegangen, die ganze lange Strecke. Links und rechts der Straße, die wir gingen, war nichts; nur der mannshohe Maschendrahtzaun. Und dann, nachdem wir eine Weile gegangen waren, fielen mir plötzlich ein oder zwei kleine Gebäude auf. Das waren unscheinbare, kleine Bauten. Je näher wir ihnen kamen, desto deutlicher wurde, dass es sich um sogenannte Posten, kleine Wachhäuschen, handeln musste. Der erste dieser Posten, an dem wir vorbeigingen, war leer, niemand war drinnen. Der Maschendrahtzaun begleitete uns wie eine streng observierende Passante auf unserem Weg über den Pfad. Ich dachte nur: „Boar, ist das lang. Wann sind wir denn endlich da, der Weg ist noch *so* lang?“

Nach einer Weile kamen wir an dem zweiten Wachhäuschen vorbei, das ebenfalls leer zu sein schien, jedenfalls konnten wir niemanden sehen oder hören. Ich sehe das alles noch genau vor mir, diese Bilder kann ich nicht vergessen: Und während wir gehen und auf das Häuschen schauen, öffnete sich auf der rechten Seite der Himmel und die Sonne schien ein wenig hindurch, wodurch das Sichtfeld weiter und die Sicht generell besser wurde. Und da kam eine Bucht rein, in der Wasser war. Die Baracke, in der wir kontrolliert und durchgelassen wurden, lag zwischen Selmsdorf im Osten und Schlutup im Westen. Ich wusste daher: Das musste die Ostsee sein, an der wir soeben vorbeigingen. Dann sagte ich, während ich das

Wasser anschaute, zu meiner Mutter: „Mama, guck mal, das Wasser, das ganze Wasser."

„Ja, das habe ich schon gesehen", antwortete sie mir. Zum ersten Mal sprach sie mit mir, ohne ein Admiral zu sein und mir umgehend das Wort zu verbieten.

„Mama, guck mal das Wasser. Sind wir jetzt im Westen?"

„Ja!", sagte sie erleichtert und gerührt: „Jetzt sind wir im Westen!" Und nach diesen Worten atmete sie durch, als würde eine Last, eine tonnenschwere Last, von ihr abfallen. Für uns beide war es das allererste Mal, dass wir Boden im Westen, in der Bundesrepublik betraten, denn der Westen war ja tabu. Es war ihr ganz deutlich anzumerken, wie emotional sie war. Aber es war eine ruhige, eine schweigende Emotionalität. Sie wischte sich mit dem Ellenbogen durch das Gesicht, ob sie dadurch Tränen abwischte, weiß ich nicht ...

Während wir weitergingen und ich nur auf das Wasser schaute, die Trave, die weiter nördlich in die Ostsee mündete, passierten wir auf der linken Seite dieses kleine Wachhäuschen. Und als wir genau neben diesem Posten standen, kam auf einmal ein „Russenkopf" hoch. Das werde ich nie vergessen: So, wie man heutzutage manche Menschen aufgrund ihres Aussehens sofort einem Land zuordnen kann, war das damals bei uns auch. Wenn wir Russen gesehen haben, konnten wir sofort und mit einer unglaublichen Sicherheit sagen, dass es Russen waren; das kann ich heute noch. Jedenfalls kam da völlig unvermittelt dieser Kopf hoch und dann der restliche Körper. Der Mann trug eine russische Uniform, vor dem Bauch eine Kalaschnikow, sein Gesichtsausdruck war äußerst ernst und er sagte bestimmend: „Stói!" Vor lauter Schreck ließ meine Mutter ihre beiden Taschen fallen.

Ich habe meine Mutter angeschaut und den Soldaten angeschaut, sprach kein einziges Wort, das war mir ja auch verboten. Aber ich konnte auch nicht wirklich sprechen, weil diese russischen Soldaten immer irgendwie Angst erzeugt haben. Ich weiß nicht, warum, aber die waren immer irgendwie unheimlich. Die russischen Soldaten in der Kaserne in Schönberg haben immer nur geguckt, nie gesprochen.

Denen war es anscheinend verboten, mit uns zu reden. Und wir haben natürlich auch keinen Kontakt zu denen gesucht, denn wozu sollte das gut sein?! Die russischen Soldaten waren die reinsten Fremdkörper, anders kann ich das nicht sagen. Das war ganz eigenartig ...

Leider kann ich mich nicht mehr daran erinnern, wie es genau weiterging. Ich weiß nur, dass meine Mutter ihm nach einer kurzen Konversation ein Dokument oder ihre Pass-Dokumente vorzeigte; irgendwie so etwas, das der Soldat begutachtete und ihr wieder gab. Dann, und daran erinnere ich mich wiederum sehr genau, befahl er: „Dawai!“ Das war das Zeichen für uns, dass wir weitergehen durften und sollten.

Diesen Moment werde ich wohl nie vergessen: Erst die Freude, Überraschung und gewissermaßen Begeisterung über die Ostsee und das Erreichen des Westens, dann das Erschrecken, die Angst und Bange vor dem Soldaten. Später, als wir im Westen angekommen waren, erklärte meine Mutter erleichtert, dass sie Sorgen gehabt hätte, dass der Soldat uns verstanden hätte. Sie hätte Angst gehabt, dass in diesem Moment alles, unsere Flucht, vorüber gewesen wäre, weil dieser Soldat uns festnehmen und zurück in die DDR hätte bringen können. Deshalb war sie auch so erschrocken und furchtbar angespannt in diesem Moment. Dieses „Stói“ und das anschließende Klatschen der Taschen, die meine Mutter fallen ließ, habe ich heute noch genauestens im Ohr. Unglaublich, wie sich solche Erlebnisse einprägen und im Gedächtnis bleiben; da kriege ich heute noch Gänsehaut ...

Jedenfalls durften wir weiter und sind dann noch ein ewig langes Stück gegangen. Und plötzlich sah ich in der Ferne einen Schlagbaum, neben dem Menschen standen. Je näher wir dem Schlagbaum kamen, desto deutlicher wurde auch, dass neben ihm Tante Emma und ihr Mann, der Onkel Willi, standen. Ein paar andere Menschen standen ebenfalls dort und natürlich auch Uniformierte, die jedoch weder Polizisten noch Soldaten waren, sondern Zöllner. Schon damals war es in der BRD nämlich so, dass du an den Landesgrenzen

Zöllner stehen hattest, welche die Einreisenden kontrollierten. Nicht nur die Uniformen sahen anders aus als in der DDR, sondern auch das Häuschen. Es war keine Baracke, sondern ein richtiges, kleines Häuschen, das viel Glas, viele Fenster also, hatte. Dadurch wirkte es heller und offener, irgendwie freundlicher.

Wir gingen hinein und meine Mutter legte ihren Ausweisersatz sowie die Bescheinigung, an deren Text und Inhalt ich mich nicht mehr erinnern kann, vor. Neben uns standen Onkel Willi und Tante Emma, denn sie durften mit dabei sein. Einer der beiden Zöllner, die sich um uns kümmerten, fragte völlig perplex, als er die Papiere meiner Mutter begutachtete: „Frau Möller, Sie sind aus Schönberg? Sie wohnen in der Fritz-Reuter-Straße?"

„Ja", antwortete meine Mutter: „Da wohnen wir."

„Dann kennen Sie bestimmt meine Mutter!"

Mindestens so überrascht wie der Zöllner fragte meine Mutter: „Wie? Wer ist denn Ihre Mutter?"

Er nannte den Namen der Frau und ich wusste sofort, um wen es sich handelte, aber ich habe ihn heutzutage nicht mehr parat. Wenn ich ihn hören würde, könnte ich sofort sagen, dass er es ist, aber selbst erinnere ich mich nicht mehr. Manche Dinge behält man, andere vergisst man, diesen Namen habe ich in diesem Moment damals einfach nicht abgespeichert. Aber meine Mutter antwortete: „Ja, natürlich kenne ich die."

Und ich weiß, dass sie ganz bei uns in der Nähe wohnte, wir sagten immer „laufend Wasser". Das war eine Wasserpumpe, zu der man kommen und sich Wasser in seinen Eimer pumpen durfte, das haben wir damals häufiger getan. In der Nähe der Pumpe war auch ein Lebensmittelgeschäft, AVE hieß das, weil der Inhaber so hieß.

Der Zöllner bat meine Mutter: „Frau Möller, tun Sie mir bitte einen Gefallen. Sie sehen ja, was ich hier arbeite, deshalb ist es mir untersagt, Kontakt zu meiner Mutter aufzunehmen. Wenn Sie wieder zurück nach Schönberg reisen, richten Sie ihr doch bitte aus, dass es mir gut gehe und sie sich keine Sorgen machen müsse."

Ehe meine Mutter in irgendeiner Form antworten konnte, legte mein Onkel seine Hand auf die Schulter meiner Mutter und sagte: „Meine Schwägerin reist nicht mehr zurück! Die bleibt hier!"

Daraufhin herrschte einen Moment lang Ruhe, alle schwiegen und warfen sich komische Blicke zu. Sie kommunizierten nur mit ihren Augen. Ich habe mich gewundert, hatte aber so viele Fragen im Kopf, dass ich nun nur noch mehr Fragen hatte. „So sieht also der Westen aus? Wieso sind die Leute hier so nett? Wieso sprechen die Männer in Uniform so freundlich mit denen, die keine Uniformen trugen? Wieso behandeln die uns so freundlich?", fragte ich mich. Denn die Uniformierten in der DDR, die haben mit uns so wenig gesprochen, wie nur irgendwie möglich. Wenn jemand in der DDR ein Pöstchen hatte, dann ließ er dich das auch spüren. Da herrschte eine klare Hierarchie und du kriegtest immer zu hören, was du zu tun und zu lassen hattest. Die Begegnung mit dem Mann, der uns kontrolliert und meine Mutter die 30 Eier hatte mitnehmen lassen, war schon sehr human für die damaligen Verhältnisse in der DDR.

Die Bedeutung des Satzes, den mein Onkel in diesem Moment ausgesprochen hatte, wurde mir erst später, mit ein bisschen Abstand, bewusst. Bis zu dem Augenblick, in dem ich realisierte, dass wir wirklich nicht in den Osten zurückgehen, sondern im Westen bleiben würden, eben weil das Ganze so emotional war.

# DIE BANANEN

Wir sind dann aus dem Häuschen heraus und mit meiner Tante und meinem Onkel mitgegangen. Die beiden waren übrigens unheimlich aufgeregt und nervös gewesen, weil wir erst so spät eingetroffen waren. Das Taxi in Schönberg kam ja zu spät; in der DDR-Baracke dauerte alles länger, wegen der Eier; wir mussten diesen langen, langen Weg gehen; dann hielt uns auch noch der russische Soldat unterwegs auf; die Zeitspanne, die meine Eltern im Vorhinein berechnet und an meine Tante kommuniziert hatten, war dadurch überschritten. Deswegen waren die beiden so nervös, weil sie befürchteten, dass wir aufgeflogen wären. Aber es hatte dann ja doch alles geklappt und so verließen wir das Häuschen, gingen zu einer einsamen Bushaltestelle, die mehr oder weniger direkt neben dem Häuschen war, um mit dem Bus von Schlutup nach Lübeck zur Wohnung meines Onkels zu fahren.

Diese Busfahrt war auch ein Abenteuer für sich, denn es war Schichtschluss. Zur damaligen Zeit war Schlutup eine Stadt, in der viele Fischfabriken standen und so stiegen ganz viele Frauen in unseren Bus, um von der Arbeit nach Hause zu fahren. Meine Mutter, Tante Emma und Onkel Willi nahmen das Gepäck und stellten sich nach hinten, damit die Frauen, die von der Arbeit kamen, im vorderen Busbereich sitzen konnten. Der Bus war so gebaut, dass im vorderen Teil die Sitze waren und im hinteren ein wenig Platz, um Gepäck oder andere Gegenstände abzustellen. Mich haben sie auf einen Platz am Fenster gesetzt, damit ich rausschauen konnte und dadurch beschäftigt war.

Als diese ganzen Frauen in unseren Bus einstiegen und sich hinsetzen, nahm ich umgehend den Fischgeruch wahr. Der gesamte Bus roch binnen weniger Sekunden komplett nach Fisch. Man könnte auch sagen: Er stank nach Fisch, weil es so intensiv und kräftig war, dass man sich fühlte, als würde man zwischen Fischen sitzen. Ich drehte mich um zu meiner Mutter und sagte laut durch den ganzen Bus: „Mama, hier riecht das aber doll nach Fisch! Ist das überall im Westen so?“ Ich war eben ein sehr aufgewecktes Kind, nicht umsonst hatte mich meine Mutter mittags zum Schweigen verdonnert. Und dass es so nach Fisch roch, war ich einfach nicht gewöhnt, denn bei uns hatte es nur dann nach Fisch gerochen, wenn meine Mutter Fisch eingekauft hatte; und das war selten, sehr selten der Fall, weil er so teuer war.

Eine der Frauen, die von der Schicht gekommen und im Bus Platz genommen hatten, sagte daraufhin: „Oh, du bist ja wohl nicht von hier, wie?!“ Ich muss heute noch lachen, wenn ich daran denke. Die haben meine Worte mit ganz viel Großherzigkeit genommen und sich wohl gedacht, dass ich aus der DDR kam. Meine Mutter schämte sich gnadenlos, nachdem ich diese beiden Sätze ausgesprochen hatte, und forderte mich zum Schweigen auf. Aber das Highlight kam erst noch.

Der Bus fuhr durch Schlutup und ich saß ja an der linken Fensterseite. Plötzlich war am Straßenrand ein Tengelmann-Laden zu sehen und der hatte große Fensterscheiben neben der Eingangstür. Der Bus hielt für einen kurzen Augenblick, sodass ich genau auf den Tengelmann-Laden schauen konnte. Und vor den Fenstern waren rechts zwei große Tische, die sahen aus wie Tapeziertische, aufgebaut und auf der einen Seite war eine riesige Pyramide aus Apfelsinen und daneben eine ebenso große aus Bananen. In Schönberg, generell in unserer Umgebung in der DDR, hatten wir so gut wie gar keine Apfelsinen. Du hast vielleicht mal eine ergattern können, wenn du ganz großes Glück hattest, aber das war beinahe wie ein Fünfer im Lotto. Eigentlich kannten wir Apfelsinen nur durch die Weihnachtspakete, die aus dem Westen kamen. Wenn die bei der Kontrolle durchgegangen sind, erreichte uns manchmal eine Apfelsine. Wurde das Paket herausgefiltert und kontrolliert, war die Apfelsine eigentlich schon verloren, denn es wurde ja nicht in einigen Minuten kontrolliert und umgehend weitergeschickt, sondern es dauerte ein bis zwei Tage und dann erst wurde es weiter an uns gesendet, wodurch das Obst meist schlecht geworden war, bis es bei uns eintraf.

Jedenfalls sah ich, am Fenster des Busses sitzend, diese unvorstellbare Menge an Apfelsinen, die diese Pyramide bildete. Ich konnte nicht nah genug an ihnen dran sein, habe mir förmlich die Nase an der Scheibe platt gedrückt und brüllte durch den Bus zu meiner Mutter: „Mama, Mama, guck' mal! Was die hier an Apfelsinen haben! Und Bananen, guck' doch mal!"

Und meine Mutter, hinten im Bus neben meinem Onkel und meiner Tante stehend, gab mir energische Zeichen, dass ich endlich ruhig sein und schweigen solle. „Still jetzt! Wirst du wohl", befahl sie und schämte sich in Grund und Boden, weil die ganzen Frauen im Bus, selbst der Busfahrer, über meine Worte lachten.

Die Arbeiterinnen zeigten sich voller Mitleid und eine sagte: „Ach Gott, guckt mal. Die kommen wohl von drüben." Wobei, sie sprachen ja Platt-Deutsch und daher hieß es eigentlich: „Och Gott, keik mol, de Lütt kümmt doch von dröben."

Ich kam mir vor, wie in einem Märchenland: „So viele Apfelsinen, die kann man doch gar nicht alle essen?!"

Und die Frauen lachten noch mehr, der Busfahrer auch, nur meine Mutter nicht. Mein Onkel und meine Tante grinsten nur schelmisch und versuchten, meine Mutter zu trösten; es sei doch gar nicht so schlimm, was ich sagte, und sie müsse sich nicht schämen.

Für mich war das unglaublich, ich sehe diese Pyramiden von Apfelsinen und Bananen noch heute genau vor mir, denn ich liebte Apfelsinen und mehr noch Bananen. Aber wir haben beides im Osten einfach kaum bekommen. Und es war mit einem langen Anstehen verbunden, das teils erfolglos blieb. Es sprach sich nämlich, wenn es denn einmal Bananen bei uns gab, sehr schnell herum, sodass alle Bewohner der Stadt zum Lebensmittelladen kamen und das Obst kaufen wollten. In Leipzig, Berlin, Rostock und Dresden war das sicherlich anders, aber bei uns in Schönberg gab es das nicht, dass viele

Bananen oder Apfelsinen geliefert wurden. Wenn eine Kiste angekommen war, verbreitete sich diese Nachricht wie ein Lauffeuer und alle rannten mit ihrer Tasche oder ihrem Netz zum Laden, um sich Obst zu kaufen, dass es in den nächsten Wochen oder Monaten nicht mehr geben würde. Da bildete sich dann eine Reihe, in der man sich anstellen musste. Und ich werde nie vergessen, als ich, ich war damals sechs Jahre alt, einmal in einer solchen Reihe stand, bei AVE, weil mich meine Mutter vorgeschickt hatte. Sie hatte erfahren, dass eine neue Lieferung eingetroffen war, aber kein Geld dabei. Also schickte sie mich los, um anzustehen, und lief selbst nach Hause, um Geld zu holen, da sie ja sonst nicht hätte bezahlen können. Während ich in der Schlange stand und wartete, machte ich mir Gedanken: „Wo bleibt denn meine Mutter? Mama, wo bist du denn?" Und dann bin ich aus der Reihe heraus und nach Hause gelaufen. Auf dem Weg traf ich meine Mutter und rief ihr zu: „Mama, Mama, du musst kommen, wir sind gleich dran." Peng, hatte ich eine Ohrfeige kassiert. „Wie kannst du aus der Schlange weglaufen?!" Sie war richtig sauer. „Du kannst doch deinen Platz nicht aufgeben!" Tja, soweit denkst du als Sechsjährige nicht. Das zeigt, welchen Seltenheitswert Bananen und Apfelsinen bei uns damals hatten ...

Der Bus fuhr weiter und der Tengelmann-Laden rückte aus meinem Blickfeld, mein Mund stand aber trotzdem nur noch offen, die Nase wurde weiterhin platt gedrückt, weil ich förmlich am Fenster klebte. Denn alles, wirklich alles, das ich sah, war so anders als bei uns in Schönberg und Umgebung. Die Autos sahen anders aus, die Häuser sahen anders aus, die Kleidung, die die Menschen trugen, war anders; einfach alles war anders und dadurch so neu. Und dann habe ich mich die ganze Zeit gefragt: „Wie können denn die Lastwagen hier fahren, ohne umzukippen? Die müssen doch umfallen?!" Warum sagte ich das? Weil die Laster bei uns in Schönberg eine Schnauze hatten. Nun war ich im Westen und dort fuhren lauter Lastwagen durch die Straßen, die keine Schnauzen hatten, sondern flach waren; wie man sie heutzutage ja auch kennt. Als Kind war ich völlig baff: „Die haben gar keine Motorhaube, weswegen fallen die nicht nach vorne um?“, fragte ich mich. Solche verrückten Ideen gingen mir damals durch den Kopf.

Und, wie schon gesagt, die Menschen sahen auch so anders, so fremd aus. Alles war bunter und die Leute unterschieden sich voneinander durch ihre Kleidung, das kannte ich aus meiner Heimat auch nicht so. Bei uns gab es das nicht, da trug jeder das Gleiche; also nicht genau das Gleiche, aber es gab nur eine sehr kleine Auswahl an Mänteln, Hosen sowie Hemden und vor allem farblich waren sich alle Stücke gleich. Ich meine, es war 1960, da ging es den Bürgern im Westen schon deutlich besser als uns im Osten, die ersten Auswirkungen des Wirtschaftswunders waren ja schon zu sehen – das erfuhr ich ein paar Jahre später. Damals sah für mich einfach alles aus wie eine andere Welt.

Nach einer Weile, die für mich unheimlich kurzweilig war und sehr schnell verging, stiegen wir schließlich an der Bushaltestelle „Schwartauer Allee“ aus. Wir gingen zu einer Berufsschule, die in der Nähe einer Kirche und von der Bushaltestelle schon zu sehen war. Mein Onkel war der Hausmeister dieser Berufsschule und wohnte mit seiner Familie, Tante Emma und drei Kindern, sozusagen in dieser Schule. Der älteste Sohn war gerade mit seiner Ausbildung in der Bank fertig geworden und wollte dort offensichtlich eine Karriere einschlagen; meine Cousine, das mittlere Kind, absolvierte eine Ausbildung zur Köchin und Jahre später besuchten wir sie einmal in Lübeck; der jüngste Sohn studierte Ingenieurwesen – an diesen Cousin erinnere ich mich deshalb so gut, weil er zu dieser Zeit in einem Ruderclub war, und zwar in Ratzeburg. Damals kamen die besten Ruderer Deutschlands, speziell des Achters, aus Ratzeburg und das blieb auch für viele Jahre so; die Ruder-Tradition war enorm. Dieser Cousin war wenig zuhause, weil er eben studierte, sich Geld dazu verdiente und ruderte. Gertrud, so hieß meine Cousine, hat sich derweil sehr lieb und viel um mich gekümmert, weswegen wir später auch bei ihr vorbeigefahren sind und sie besucht haben. Den Ältesten sah ich wenig, weil er selten zuhause war beziehungsweise ganz wenig Zeit hatte.

Im Keller der Schule hatte mein Onkel eine sogenannte Souterrainwohnung, die Hausmeisterwohnung, und die war wirklich groß: Man kam hinein und befand sich in einem großen Flur mit Garderobe, nach links ging es in die Wohnung, ein Gang, an dessen Seiten die Türen zu den einzelnen Räumen waren, zog sich lang durch die Wohnung. Erst kam die Küche mit Essbereich, dann das Wohnzimmer, ein Schlafzimmer, noch ein Schlafzimmer und am Ende des Ganges ein Badezimmer sowie noch ein Schlafzimmer. Auf der anderen Seite waren der Heizungsraum, ein Elektroraum und noch ein Schlafzimmer. Auf der einen Seite wohnten sie und auf der anderen Seite, auf der die Heizungsanlage war, bekamen wir ein Zimmer. Ein Sohn, welcher weiß ich nicht mehr, hatte sein Zimmer nämlich für uns freigeräumt, damit wir, meine Mutter und ich, dort schlafen und unsere Sachen abstellen konnten.

Als wir ankamen, war nur mein ältester Cousin da, der uns höflich begrüßte; die anderen beiden lernte ich erst am nächsten Morgen beim Frühstück kennen. Die Wohnung war, genau wie die Häuser, die Laster und die Kleidung der Bürger, ganz anders eingerichtet als bei uns: Es gab ein Telefon, weil mein Onkel ja beruflich erreichbar sein musste. Ein Kühlschrank stand in der Küche, den kannte ich so auch noch nicht, denn bei uns gab es Kühlschränke nur beim Metzger, Bäcker oder im Lebensmittelgeschäft, aber doch nicht in der eigenen Wohnung. Meine Tante hatte auch eine Waschmaschine, so etwas hatte ich zuvor noch nie in meinem Leben gesehen. Und der Tisch, was da alles stand: das Obst, das Geschirr, die Tischdecken, die Stühle – alles war anders als bei uns in Schönberg und generell im Osten.

Nachdem wir unsere Taschen abgestellt und in der Küche zusammengekommen waren, tranken wir etwas und die Eltern unterhielten sich. Ich erinnere mich genau daran, wie mein Onkel und meine Tante irgendwann meine Mutter fragten, was denn wohl geschehen wäre, wenn wir noch länger gebraucht hätten und erst später angekommen wären, sie unter Umständen schon wieder heimgefahren wären. Meine Mutter verließ den Raum, ging zu ihrem Koffer und kam mit einer kleinen Nivea-Dose in der linken Hand zurück.

Das war ein Geschenk aus dem Westen, denn in der DDR gab es damals kein Nivea. Sie hatte es von Tante Emma erhalten, als wir uns alle bei der Hochzeit in Pieversdorf getroffen hatten, denn meine Tante hatte bei uns übernachtet, weil der Weg sonst zu lang und der Tag zu anstrengend gewesen wäre. Und zu dieser Hochzeit hatte sie meiner Mutter zwei Geschenke mitgebracht: die Nivea-Dose und eine Westmark. Was ich damals nicht wusste: Unsere Flucht war genaustens geplant und zwischen meinen Eltern sowie Tante Emma und Onkel Willi besprochen worden. Meine Tante hatte meiner Mutter im Rahmen ihres Besuches die Westmark gegeben und dabei gesagt: „Marie, falls wir uns aus irgendeinem Grund an der Grenze verpassen sollten, weil etwas dazwischen kommt oder nicht funktioniert, dann musst du mit Karoline in den Bus einsteigen und an der „Schwartauer Allee“ aussteigen. Ich lasse dir diese Westmark hier, damit du eure Fahrt bezahlen kannst, falls du es musst.“ Meine Mutter durfte dieses Westgeld allerdings unter keinen Umständen besitzen, denn das war strengstens verboten. Hätte man das bei ihr gefunden, hätte es richtig Ärger und eine große Strafe, nämlich keine Reiseerlaubnis für den Westen, gegeben. Also überlegte meine Mutter, wo sie das Geld verstecken und wie sie es mit in den Westen nehmen konnte. Weil sie Angst davor hatte, dass man die Westmark bei der Kontrolle an der Grenze finden könnte, ist sie auf die geniale Idee gekommen, dass sie die Münze in die Creme der Niveau-Dose drückte, richtig tief bis auf den Boden. Dann ging sie mit einem Messer sorgfältig über die Creme und die Dose, packte das Silberpapier wieder darüber, bis alles wie neu und unbenutzt aussah. Den Deckel konnte man damals noch so zuschrauben, sodass es unmöglich war, zu überprüfen, ob die Dose geöffnet wurde oder nicht.

Wir standen also in der Küche in der Wohnung meines Onkels und sie kam zurück von ihrem Koffer mit dieser Nivea-Dose in der

Hand. Sie öffnete die Dose, schaute die anderen an, holte die Westmark heraus und hielt sie stolz in die Höhe: „Ich hätte die Busfahrt bezahlt“, sagte sie überzeugt. Und meine Tante, mein Onkel und die Cousine lachten auf und konnten gar nicht mehr aufhören. „Auf was für Ideen ihr im Osten kommt, unglaublich“, schrie mein Onkel vor lauter Lachen. So richtig verstanden habe ich das damals nicht. Erst im Nachhinein hat alles einen Sinn ergeben, weil sich alles wie eine Perlenkette aneinanderreihte. Ich war damals ja der Auffassung, dass wir, wie meine Mutter es mir und dem Mann in Uniform in der Baracke gesagt hatte, für den Osterurlaub zu meiner Tante gekommen waren. Alle anderen Informationen erhielt ich erst nach unserer Flucht. So waren die Tischdecken, die Bettwäsche, das Bild und die Handtücher, die meine Mutter gepackt und mitgenommen hatte, in Wahrheit für unseren neuen Haushalt im Westen …

Wie der Abend aussah und was wir taten, weiß ich nicht mehr. Ich erinnere mich aber noch an den nächsten Morgen, an dem meine Tante beim Frühstück mitteilte, dass sie mich mit zum Einkaufen nehmen wolle. Wir sind zunächst zum Milchmann und dort kauften wir Milch. Das war für mich völlig neu und unbekannt, denn bei uns ist man nicht zu einem Milchmann, sondern meine Mutter hatte eine eigene Kuh, die im Stall beziehungsweise auf der Weide eines Bauern lebte. Sie ging morgens und abends zu diesem Bauernhof, molk ihre Kuh sowie die Kühe des Bauern und brachte ihre Milch mit nach Hause, sodass wir sie trinken und zum Kochen nutzen konnten. Milch in einem Geschäft einzukaufen? Das kam bei uns nicht in Frage, weil es auch viel zu teuer gewesen wäre. Butter und Käse hat meine Mutter beschafft, indem sie ihre nicht selbstgenutzte Milch in die Molkerei, die in Schönberg ja direkt auf der anderen Straßenseite lag, brachte und für Butter, Käse, Sahne oder ab und zu auch mal ein Eis eintauschte. So kamen wir an unsere Butter und unseren Käse, das hat man nicht gekauft, dafür war schlicht kein Geld da.

Nach dem Milchmann gingen meine Tante und ich zu einem Lebensmittelgeschäft, wo ich förmlich erschlagen wurde. In der DDR war das alles spartanisch, es gab nur das Nötigste und vor allem immer das Gleiche. Nun stand ich in einem Geschäft und wusste nicht, wo ich zuerst hinschauen sollte. Apfelsinen, Bananen, Schokolade, Kaugummi: Alles, das wir in der DDR nur sahen, wenn wir ein Paket aus dem Westen erhielten und diese Lebensmittel darin eingepackt waren, gab es auf einmal zu kaufen. Clementinen sowie Pampelmusen sah ich zum ersten Mal in meinem Leben, der Berg an Zitronen wirkte surreal und allgemein waren die Mengen, die es gab, unvorstellbar. Alles gab es in Hülle und Fülle! Ich konnte aber gar nichts damit anfangen, denn ich hatte ja gar kein Geld. Trotzdem war das alles für mich wie im Märchenland, obwohl mich die ganzen Sachen förmlich erschlagen haben. Das hatte übrigens eine nachhaltige Wirkung, denn wenn ich Jahrzehnte später in einen richtig großen Laden wie eine Metro oder ein Shoppingcenter oder Ähnliches gegangen bin, musste ich irgendwann hinausgehen, weil das Angebot einfach so groß und vielfältig war ...

Meine Tante wusste, dass ich Apfelsinen und Bananen liebte, weshalb sie, als wir aus dem Geschäft herauskamen, sagte: „Komm, Karoline, wir gehen jetzt auf den Markt."

Also gingen wir auf den Markt, wo mir zunächst der Marktschreier auffiel, der Bananen verkaufte. Meine Tante blieb mitten zwischen den Ständen stehen und fragte mich: „Karoline, womit kann ich dir eine Freude bereiten?"

Ich schwieg, denn meine Mutter hatte mir im Vorhinein befohlen: „Du hältst den Mund und sagst nichts, wünschst dir nichts und bittest um nichts."

Tante Emma fragte jedoch nach: „Was möchtest du haben? Was gibt es denn bei euch gar nicht?" Sie tat unwissend, doch die Busfahrt hatte sie ja miterlebt.

„Bananen", antwortete ich leise und zurückhaltend: „Bananen gibt es gar nicht bei uns."

„Dann kaufen wir jetzt mal Bananen", kündigte sie freudig an.

Wir gingen auf den Marktschreier, der vor seinem Obst stand, zu und er schaute uns direkt an: „Hier, willste nicht ‘n paar Bananen kaufen? Kauf doch Bananen. Guck' mal", strahlte er und hielt uns zwei Bananen entgegen. „Ich pack noch eine drauf, guck' mal." Er legte eine Banane auf die zwei anderen und schaute uns an. „Und noch eine, und noch eine", bis sechs Bananen in seiner Hand gestapelt waren. „Und das alles kriegste für eine Mark."

Ich staunte und war sprachlos, meine Tante schaute mich an.

„Noch nicht genug? Dann pack' ich noch eine drupp und noch eine!"

„Tante Emma, alle diese Bananen für eine Mark? Hast du eine Mark?", fragte ich ungläubig.

Zufrieden und beruhigend grinste meine Tante und kaufte die Bananen für eine Mark. Als wir zurück in die Wohnung kamen, habe ich den ganzen Tag und Abend nur noch Bananen gegessen. Meine Mutter, die zwar nicht begeistert über den Bananenkauf war, allerdings auch nicht groß lamentieren konnte, da meine Tante sie ja gekauft hatte, warnte mich die ganze Zeit: „Oh, wenn dat man gaut geit. Dat geit nicht gaut!" Sie hatte Angst, dass ich vor lauter Bananen Verdauungsprobleme bekommen würde. Aber mir war das komplett egal: Ich hatte Bananen, richtige Bananen, von denen eine leckerer war als die andere – und war einfach nur glücklich und zufrieden.

# DIE SCHUHE

Ich hatte in Lübeck kaum Kleidungsstücke, da wir ja nicht mehr mitnehmen konnten. Wie hätte meine Mutter das begründen sollen? Die Verantwortlichen in der DDR an der Grenze wären misstrauisch geworden, wenn sie uns kontrolliert und dabei festgestellt hätten, dass wir noch mehr Kleidungsstücke für mich dabeigehabt hätten, als wir sowieso schon hatten. Meine Cousine ist dann auf mich zugekommen, am dritten oder vierten Tag, und sagte: „Weißt du was, Karoline? Jetzt gehen wir beide in die Stadt bummeln!"

Ich wusste nicht, wie mir geschah und schaute sie überrascht an; ging aber natürlich mit.

Unterwegs sagte sie dann zu mir: „Was hältst du davon, wenn wir dir ein paar neue Schuhe kaufen?"

„Aber ich habe doch gar kein Geld", antwortete ich.

Sie zeigte sich davon unbeeindruckt und fragte: „Was möchtest du denn für Schuhe?"

Meine Mutter hatte mir, seitdem wir im Westen angekommen waren, immer wieder, mehrmals am Tag, aufgetragen: „Karoline, du sagst nichts, wenn dich jemand fragt, was du gerne haben würdest! Wir sind hier zu Besuch und du kannst nicht sagen ‚Ich will dies' und ‚Ich will das'. Ich kann dir nichts kaufen, ich habe kein Geld. Wir werden hier satt vom Essen, weil wir mit der Familie essen dürfen, und wir müssen keine Miete zahlen – das muss reichen!" Als meine Mutter hörte, wie mich meine Cousine darüber informierte, dass sie mit mir in die Stadt gehen würde, teilte mir meine Mutter in einem Vieraugengespräch sehr ernst und unmissverständlich mit: „Karoline, du weißt Bescheid!"

Wir gingen in die Stadt und meine Cousine fragte mich, nachdem ich zunächst nicht geantwortet hatte und stumm vor ihr stand, nochmals: „Karoline, du brauchst doch ein zweites paar Schuhe. Du kannst doch nicht weiterhin mit deinen Schuhen aus der DDR hier herumlaufen, du brauchst ein Paar neue."

Hin und hergerissen antwortete ich: „Aber meine Mama hat doch kein Geld ..."

„Ich schenke dir ein Paar", sprach sie mit einer sanften und liebevollen Art. „Komm, wir gehen mal gucken." Sie streckte mir ihre Hand entgegen, ich packte sie und wir gingen los. Und in einem Schuhgeschäft, das wir betraten, gab es wunderschöne, weiße Schuhe. Das waren Schnürschuhe, nicht so derbe, wie ich es aus der DDR gewöhnt war, sondern weiße Schuhe, eine Art Sommerschuhe mit kleinen Löchern drinnen und ganz, ganz, ganz kleinen Absätzen. Diese Schuhe habe ich gesehen und mich sofort in sie verliebt.

„Gefallen dir diese Schuhe?", fragte meine Cousine zufrieden. „Passen die auch? Drücken die auch nirgends?"

„Nein, die passen genau. Und die sind so schön." Aber ich erinnerte mich an die Worte meiner Mutter und flüsterte: „Die darf ich nicht nehmen, da wird meine Mama mit mir schimpfen."

„Das regle ich schon mit deiner Mama", sprach sie laut und überzeugt. „Wenn dir diese Schuhe gefallen, dann kriegst du die auch!"

Sie kaufte sie und ich habe mich so sehr gefreut, dass ich es kaum in Worte fassen kann. Auf dem gesamten Weg zurück bin ich neben ihr immer hin und her gehopst, von einem Bein auf das andere, vor lauter Freude über meine neuen Schuhe, die ich die ganze Zeit ansah. Die Schuhe waren einfach so wunderschön. Wir kamen nach Hause und meine Mutter schlug die Hände ins Gesicht und über den Kopf, wieder in ihr Gesicht und klagte laut: „Herr Gott, nein! Weiße Schuhe, nein, nein, weiße Schuhe!"

Sie war perplex und ich war außer mir vor Freude, tanzte und sprang durch die Wohnung, wollte die Schuhe gar nicht mehr ausziehen. Meine Mutter schämte sich, weil meine Cousine sie bezahlt hatte;

mehr Erinnerungen habe ich auch nicht mehr daran und was danach geschah ... Nur, dass ich die Schuhe nicht auf den Schulhof oder zum Spielen draußen anziehen durfte, weil sie ja hätten dreckig werden können. Lediglich zum Spazieren auf der Straße oder im Rahmen eines Besuches durfte ich sie tragen, wenn sicher war, dass sie nicht dreckig werden konnten.

Dann aber kam ein ganz großer Clou in meinem, noch jungen Leben. So gesehen war ja jeder Tag in dieser Zeit etwas Besonderes und Einzigartiges, aber ein Erlebnis habe ich immer noch ganz genau vor Augen – und das steht in enger Verbindung mit meinen Schuhen. Dass ich diese Schuhe von meiner Cousine geschenkt bekam, geschah nämlich nicht ganz ohne Hintergedanken. Natürlich wollte sie mir eine Freude bereiten und ich benötigte tatsächlich neue Schuhe, denn andauernd in meinen alten DDR-Schuhen herumzulaufen war auf die Dauer doch anstrengend. Aber: Meine Cousine eröffnete mir ein paar Tage später, dass wir zu ihrer Tante, die ebenfalls in Lübeck wohnte, gehen würden. Welche Tante genau das war, weiß ich nicht mehr; allerdings umso mehr, dass ich schön und möglichst fein für diesen Besuch hergerichtet werden musste, weshalb ich die weißen Schuhe und mein Perlonkleid trug. Meine Mutter hob, als wir uns verabschiedeten und wir zur Tante aufbrachen, den Zeigefinger: „Benimm dich bloß!"

Der Hintergrund war, dass diese Tante einen Fernseher besaß. Als wir dort eintrafen, wurde ich von oben bis unten von zwei älteren Damen gemustert, denn es waren auch noch ein paar andere Leute da. Wir setzten uns alle vor den Fernseher und schauten die Übertragung einer Hochzeit. Nicht irgendeiner Hochzeit, nein, sondern die Hochzeit der Schwester der englischen Königin. Ich saß auf einem kleinen Hocker – das war ja damals immer wichtig: sauber, ordentlich, fein – und habe fasziniert in dieses Gerät namens Fernseher, denn aus der DDR kannte ich so etwas ja überhaupt gar nicht, geschaut. Völlig überwältigt, überrascht, bewundernd und irgendwie sprachlos sagte ich zu mir selbst, aber laut, sodass es alle anderen hörten: „Das sind echte Könige? Das ist eine echte Prinzessin? Das ist eine echte Königin?“ Alle, die in dem Zimmer waren, schauten mich an und hörten, wie ich feststellte: „Bei euch gibt es so etwas? Bei uns gibt es das nur in den Märchenbüchern.“ Und alle lachten.

Ich konnte es einfach nicht glauben, ich war tatsächlich im Märchenland gelandet: Hier gab es Bananen ohne Ende, Pyramiden aus Apfelsinen, weiße Schuhe, einen Fernseher und eine echte Königin, einen echten König, echte Prinzen sowie echte Prinzessinnen – ich war im Märchenland! Also wenn im Bus die Nase platt war, dann stand jetzt der Mund nur noch offen vor lauter Staunen.

# DER KARTOFFELSALAT

In der Zeit, in der wir bei meinem Onkel und seiner Tante wohnten, entwickelte sich ein ganz neues Hobby für mich: Meine Tante oder meine Cousine zu begleiten, wenn sie einkauften. Jedes Mal aufs Neue bekam ich glänzende Augen, als sie mich fragten, ob ich mitgehen wolle. Selbstverständlich bin ich immer mit, immer! Die Hoffnung, dass Bananen gekauft und ich vielleicht schon unterwegs eine hätte essen können, ohne dass meine Mutter davon etwas mitbekommen konnte, war dabei allgegenwärtig.

Mein komplettes Leben hatte sich aber auch mit einem Mal völlig verändert, denn ich lebte von einem auf den anderen Tag in einer völlig anderen Welt; als wäre unser Fußweg durch dieses Niemandsland in einer neuen Welt gemündet. Drei Hobbys waren es insgesamt, die ich nun hatte und die meinen Tag bestimmten: Das Einkaufen war das eine, das zweite bestand darin, meinen Onkel bei seiner Arbeit zu begleiten. Ich lief ihm einfach immer hinterher, da er als Hausmeister die ganze Schule im Auge haben musste. Er kontrollierte die Putzfrauen, die Klassenzimmer, die Türen, die Fenster und die Elektronik; einfach alles. Ich bin ihm wie ein Schatten nicht von der Seite gewichen, weil ich diese Dinge einerseits unheimlich interessant fand, denn ich kannte das aus der DDR ja so nicht, weil ich dort nur eine Schülerin gewesen war, und andererseits auch nicht viel mehr zu tun hatte. War ich nämlich nicht mit ihm in der Schule oder mit jemand anderes zum Einkaufen unterwegs, hatte ich nur noch ein drittes Hobby: Spielen in der Wohnung. Ich habe mich dort in das kleine Zimmer im hinteren Trakt der Wohnung begeben, die Tür zugemacht und gespielt. Spielzeug gab es zwar nicht, aber meine Fantasie kannte keine Grenzen. Ich war, wenn die Tür dieses Zimmers erst einmal geschlossen war, in meinem ganz eigenen Reich.

Und Freunde, naja, Freunde hatte ich ja nicht. Ich ging nicht zur Schule, ich ging in keinen Verein, ich hatte also keinerlei Kontakte zur Außenwelt beziehungsweise Gleichaltrigen. Daher blieben nur diese Hobbys, aber für mich reichten sie allemal aus. Manchmal nahm mich mein Onkel auch mit in seinen Schrebergarten; eher selten gingen wir in die Stadt hinein, am Holstentor vorbei und dann in die Innenstadt; spazieren sind wir viel gegangen, sehr viel, und ich fühlte mich wohl, weil irgendwie, obwohl wir ja nicht mehr zuhause bei uns in Schönberg waren, vertraut . Die Menschen sprachen unser Plattdeutsch, ihr Hochdeutsch glich dem unseren und die Mentalität war, trotz der Unterschiede zwischen DDR und der Bundesrepublik Deutschland, sehr ähnlich zu unserer. Und zu mir waren auch alle nett, da ich ja die Kleine aus dem Osten war.

Abends, wenn wir alle am Esstisch saßen und gemeinsam aßen, klingelte es regelmäßig, weil jemand den Schlüssel für die Turnhalle abholen wollte, um dort zu trainieren. Das waren Boxer, Turner und andere Leute, die nach Trainingsende den Schlüssel wieder zurück zu uns brachten. Das Öffnen der Tür wurde sozusagen zu meinem vierten Hobby, weil ich sehr neugierig war. Nach einigen Tagen ließ mich mein Onkel immer allein an die Tür hüpfen und kam langsam hinterher, weil er anhand des Wochentages und der Uhrzeit wusste, wer an der Tür stehen sollte. Diejenigen, die kamen, kannte und erkannte ich ja dann auch mit jeder Woche besser.

Eines Abends klingelte es wieder einmal an der Tür, wir saßen am Esstisch und ich sprang wie immer auf und hüpfte zur Tür. Ich griff an die Klinke und öffnete die Tür. Vor mir stand ein Mann, das weiß ich noch ganz genau, der Handschuhe mit großen, langen Stulpen trug. Solche weißen Handschuhe mit solchen großen, langen Stulpen trugen früher vor allem die Motorradpolizisten in der DDR. Ich dachte daher, dass es ein Polizist sei, der nun vor der Tür stand. Mein Onkel war mir gefolgt, stand hinter mir und erklärte, dass es ein Postbote sei.

Zwar besaß mein Onkel ein Telefon – für mich übrigens ein Weltwunder, denn dass man ein Telefon im eigenen Haus oder in der eigenen Wohnung hatte, war mir vollkommen unbekannt. Es gab zwar Telefone in der DDR, aber doch nicht bei uns. Manchmal klopfte oder klingelte es bei uns in Schönberg an der Tür, weil ein Nachbar angerufen wurde. Dann ging mein Vater beziehungsweise meine Mutter mit, um in der Wohnung des Nachbarn das Telefonat entgegenzunehmen und am Hörer sprechen zu können. Das war meine Erfahrung mit Telefonen, bis wir nach Lübeck zu meinem Onkel und meiner Tante kamen –, aber manchmal kamen eben auch Postboten vorbei, die Telegramme brachten.

Jedenfalls stand dieser Mann vor der Tür und ich war ganz baff, weil ich dachte, dass es sich um einen Polizisten aus der DDR handele. Kein einziges Wort bekam ich heraus, weil ich an so viele Erinnerungen denken musste. „Ja, bitte?“, fragte mein Onkel.

„Ich habe ein Telegramm für Marie Möller“, antwortete der Mann.

„Ja, das ist meine Schwägerin. Sie können mir das Telegramm geben“, sagte mein Onkel und legte seine Hand auf meinen Kopf. „Die sitzt hinten am Esstisch und das hier ist ihre Tochter.“

Der Mann übergab das Telegramm, mein Onkel unterzeichnete ein Papier und schloss die Tür, nachdem sich die beiden Männer „einen schönen Abend“ gewünscht hatten. Wir gingen zurück zum Esstisch und wollten weiter essen.

Den ganzen Tag über hatte ich mich schon auf das Abendessen gefreut, denn es gab mein Lieblingsessen: Kartoffelsalat mit Bockwurst. Seit ich mich erinnern kann, liebte ich dieses Essen – und das Rezept meiner Mutter war das beste. Wir gingen zurück an den Tisch, wo meine Mutter, Tante und Cousine nichts ahnend saßen. Wir betraten das Zimmer und ich wollte mit dem Essen anfangen, da bemerkte ich, wie meine Mutter ganz still und blass wurde, als sie das Telegramm entgegennahm. Sie war genauso blass, ich habe das noch ganz deutlich vor Augen, wie damals, als der russische Soldat „Stoi“ befahl. Ihre Augen wurden rot und feucht, sie war ganz komisch und die gesamte Atmosphäre im Zimmer war mit einem Mal ganz angespannt. Mein Onkel übergab ihr das Telegramm und sie schluckte. Meine Tante legte ihren Arm um sie und sprach beruhigend: „Nitsch, wenn es ein Telegramm ist, kann das nur von Alwin sein."

Ich habe kein Wort verstanden: Warum war der Mann an der Tür kein DDR-Polizist? Weshalb war meine Mutter so unglaublich komisch? Wieso wirkte sie wie damals auf dem Fußweg? Weswegen musste meine Tante sie nun beruhigen? Was war hier überhaupt los?

Meine Mutter riss den Umschlag auf, holte das Telegramm heraus, las es und begann zu weinen. Und dann, als hätte jemand einen Knopf gedrückt, heulten plötzlich auch mein Onkel und meine Tante. Selbst meine Cousine konnte ihre Tränen nicht zurückhalten. Und schon schossen mir die nächsten Fragen in den Kopf: Warum heulen die denn alle? Was steht auf diesem Papier? Was ist hier los? „Mama, was ist passiert?", fragte ich unwissend.

Sie räusperte sich: „Karoline", sprach sie in einem hoch emotionalen und verheulten Ton: „Wir bleiben jetzt hier. Wir gehen nicht wieder zurück nach Schönberg." Sie pausierte kurz, weil sie schlucken und sich sammeln musste, fügte dann hinzu: „Das ist ein Telegramm von Papa, der ist jetzt auch im Westen."

„Aber Mama, unsere Wohnung ..."

„Die brauchen wir nicht mehr, wir suchen uns hier eine neue Wohnung", lächelte sie mit Tränen in den Augen.

„Aber Mama, meine Spielsachen."

Alle grinsten und meine Mutter antwortete mit herunterlaufenden Tränen auf den Wangen: „Du kriegst hier auch neue Spielsachen."

„Aber Mama, ich muss doch in die Schule?!"

„Ja, hier gibt es auch Schulen", erklärte meine Tante, ebenfalls unter Tränen. „Hier wirst du zur Schule gehen."

Ich habe dagesessen und für mich ist eine Welt zusammengebrochen. Ich habe das nicht verstanden. Alles war auf einmal anders. Und da ist mir, in diesem Moment, so schlecht geworden: Ich konnte nicht mehr essen. Jahrelang konnte ich von da an keinen Kartoffelsalat, mein absolutes Lieblingsessen, mehr anrühren, weil mir damals so schlecht wurde. Jahrelang hatte ich keinen Appetit mehr auf Kartoffelsalat, weil mich das so erschrocken hat. Natürlich waren alle lieb und nett und fürsorglich, gar keine Frage. Aber mit meinem kleinen Verstand konnte ich gar nicht wechseln, dass wir nicht mehr zurückgehen würden. Das war ja auch das erste Mal, dass ich überhaupt erfuhr, dass wir nicht für einen Besuch nach Lübeck gekommen waren, sondern für immer. Wir hatten die DDR verlassen. Wir hatten den Osten verlassen, um für immer im Westen zu bleiben. Das war zu viel für mich.

Ich besaß doch nichts. Gut: mein Kleid, einen Faltenrock, meine DDR-Schuhe, ein paar Socken, etwas Unterwäsche, ein Nachthemd und zwei Pullover, die meine Mutter mir gestrickt hatte, sowie den Mantel, den ich auf der Flucht trug; aber wir besaßen doch nicht mehr. Grundsätzlich waren wir keine reichen Leute, weshalb meine Mutter damals aus der Kleidung, die ihr nicht mehr passte, neue Kleidung für mich nähte: Schals, Pullover, Hemden, Jacken, Socken und einfach alles. Wir hatten also im Westen wahrhaftig nichts, außer den paar Dingen, die wir mitgenommen hatten. Überfordert, ja, ich war mit der Situation überfordert.

Monate später erfuhr ich, was in dem Telegramm stand: Mein Vater hatte geschrieben, dass wir, meine Mutter und ich, auf gar keinen Fall zurück nach Schönberg gehen sollten. Egal, was auch passieren würde, wir sollten nicht zurück in die DDR. Er sei nämlich sicher in West-Berlin angekommen und würde nun zu uns nach Lübeck kommen, um uns abzuholen. Wir sollten einfach bei Onkel Willi und Tante Emma bleiben, er würde sich melden, sobald es Neuigkeiten gäbe ...

Ich wusste ja nicht, dass zwischen meiner Mutter und meinem Vater alles genau so abgesprochen war. Erst, als dieses Telegramm bei uns eingetroffen war, fing ich an zu verstehen: Wir, meine Mutter und ich, waren geflohen – und mein Vater hatte dies nun auch getan, aber auf einem ganz anderen Weg.

# DIE BANK

Die Tage nach dem Telegramm sahen genauso aus wie die Tage zuvor: Mein Onkel arbeitete und ich begleitete ihn; meine Mutter half meiner Tante im Haushalt; meine Cousine und meine Cousins waren mit ihren Aufgaben beschäftigt; und ich begleitete mal meinen Onkel bei der Arbeit oder jemand anderes beim Einkaufen. Meine Mutter hatte ein richtig schlechtes Gewissen, denn sie konnte ja nichts selbst einkaufen, da sie kein Geld hatte beziehungsweise verdiente. Ich weiß noch, wie sie einmal zu mir sagte, dass wir „unheimlich froh" sein müssten, weil wir der Familie meiner Tante sozusagen „auf der Tasche" lägen, sie uns so freundlich aufgenommen und an allem teilhaben ließen. Das arbeitete sehr in meiner Mutter, weil es ihrem Naturell, ihrem Charakter vollkommen widersprach: Sie war eine Bäuerin und ehrliche Haut, die nie in ihrem Leben etwas geschenkt bekommen hatte, sondern sich immer alles hart erarbeiten musste. Sie kümmerte sich um die Wäsche, um das Geschirr, um das Putzen, um das Kochen und einfach alles, was im Haushalt an Arbeit anfiel, weil sie ein so schlechtes Gewissen hatte und auf diese Weise unsere „wirtschaftlichen Schulden", wie sie es nannte, ausgleichen wollte.

Eines Abends, das war rund zwei Wochen nach dem Erhalt des Telegramms, klingelte es wieder an der Wohnungstür. Wieder stand das Essen auf dem Tisch, alle hatten Platz genommen. Ich hüpfte zur Tür, wie immer, weil ich den Schlüssel für die Turnhalle herausgeben wollte, wie immer. Als ich die Tür dieses Mal öffnete, stand ein Mann vor mir, der nicht nach Sport aussah. Er trug einen grünen Lodenmantel, in der einen Hand hielt er eine braune Einkaufstasche aus Leder und in der anderen Hand eine braune Aktentasche. Seine

Wangen waren unheimlich eingefallen, die Knochen daher deutlich zu sehen. Er sah übernächtigt aus, sehr hager und hatte einen Drei-Tage-Bart, der völlig untypisch für die damalige Zeit war. Heute würde man sagen, dass er fast schon wie jemand aus Italien oder Griechenland aussah. Die Müdigkeit, die ihm im Gesicht stand, war fast schon ansteckend.

Ich schaute den Mann an, von oben bis unten musterte ich ihn und wartete darauf, dass er sagen würde, was er wolle und weswegen er geklingelt habe. Und dann fragte er erstaunt und zugleich sehr lieb: „Mien Deern, kennst du mich denn überhaupt nicht mehr?“ Es war mein Vater, aber ich habe ihn wirklich nicht erkannt. Er sah so mitgenommen aus, so ausgelaugt und erschöpft, abgemagert und übermüdet, ungepflegt und einfach anders: Ich habe ihn nicht erkannt! Er war immer ein hagerer Mensch, aber in diesem Moment, in dem ich ihn nach mehreren Wochen das erste Mal wieder sah, hatte ich das Gefühl, dass er in der Zwischenzeit quasi um Jahre gealtert war. Das war ganz merkwürdig.

Mein Onkel war wie gewohnt mit etwas Abstand hinter mir hergegangen und zog meinen Vater in den Flur, schloss hinter ihm die Tür und drückte ihn an seine Brust. Dann kamen auch schon die anderen und begrüßten ihn – unglaublich. Meine Mutter umarmte ihn und er sie; sie sprachen kaum ein Wort. Er knöpfte seinen Mantel auf und umgehend fingen mein Onkel, meine Tante und meine Cousine, die ihn allesamt kurz geherzt hatten, an zu lachen. Die haben sich schimmelig gelacht, weil mein Vater zwei Anzüge übereinander trug: zwei Hosen und zwei Jacken. Er wollte nicht, dass jemand misstrauisch werden würde, weswegen er den zweiten Anzug unter dem anderen trug. Einen Koffer konnte er außerdem ja auch nicht mitnehmen, denn das wäre zu auffällig gewesen.

Für meinen Onkel, meine Tante und meine Cousine war das alles völlig unverständlich, dass man nicht einfach einen Koffer mitnehmen und seinen zweiten Anzug da einpacken konnte. Aber das ging schlicht nicht, weil es viel zu gefährlich und zu riskant gewesen wäre. Die Bedingungen, unter denen man flüchtete, waren der Familie meiner Tante – verständlicherweise – vollkommen unbekannt. In seiner Aktentasche hatte mein Vater seine Butterbrotdose, seine Thermosflasche sowie seinen Ausweis und in der Einkaufstasche ein paar Handtücher, in die er das Silberbesteck meiner Mutter eingerollt hatte. Jenes Silberbesteck, das ich Jahrzehnte besaß und dann meinem Sohn schenkte.

Meine Mutter hatte also Kleidung für sich und mich sowie die Tischdecken, ein paar Handtücher und die Bettwäsche mitgebracht, mein Vater nun weitere Handtücher sowie Wechselkleidung für sich und eben das Besteck. Alles andere, so sagten sie, könnte man sich in den ersten Tagen beziehungsweise Wochen im Westen kaufen, aber ganz ohne alles wollten sie eben nicht dastehen, um beim Aufbau eines neuen Haushaltes nicht alles von Grund auf neu kaufen zu müssen. Wie genau der Abend weiter verlief, weiß ich nicht mehr. Das war ja auch emotional, wenn dein Vater auf einmal vor dir steht und du erkennst ihn anfangs noch nicht einmal, weil er so verändert aussieht.

In den 1970ern erfuhr ich dann, wie mein Vater aus der DDR geflüchtet und zu uns gekommen war. Er erzählte mir diese Geschichte erst dann, weil er wollte, dass ich alt genug sei, um sie nicht nur hören, sondern auch verstehen und behalten zu können. Ich war neugierig und habe mich sehr dafür interessiert, daher auch sehr gefreut, dass er sie mir erzählte ...

Meine Eltern hatten die Flucht ja genau geplant und sich dafür mit einer befreundeten Familie in Schönberg abgesprochen, die auf der anderen Seite der Grenze ein Stück Land und ein Haus besaß. Mein Vater hatte, als er Anfang der 1950er Jahre als Polizist arbeitete, die Grenze in genau diesem Bereich, in dem ihr Haus stand, bewacht. Nachts ließ er dort immer die Bauern aus der DDR über die Grenze, damit diese zu ihren Tieren und Feldern im Westen gehen konnten, das schilderte ich ja bereits. Mein Vater kannte diese Familie also aus seiner Zeit im Grenzbereich und im Laufe der Zeit wurde daraus eine Freundschaft. Und diese Freunde hatten früher im sogenannten

Sperrgebiet gewohnt, auf ihrem Bauernhof. Sie waren allerdings alles andere als treue Kommunisten, weswegen sie ihren Bauernhof aufgeben und nach Schönberg ziehen mussten. Raus aus dem Sperrgebiet ging es für sie über die verbotene Brücke nach Schönberg. Dort pachteten sie sich einen neuen Bauernhof und wohnten mehr oder weniger um die Ecke am sogenannten Speckturm, denn Schönberg war keine große Stadt.

Aufgrund dieser Geschichte kannte diese Familie die ganze Problematik rund um eine Flucht und war genauso unglücklich in der DDR wie meine Eltern, weshalb sie meinen Eltern beim Aufstellen sowie Umsetzen ihres Fluchtplanes geholfen hat. Das Ehepaar hatte drei Kinder, mit denen ich gerne gespielt habe in Schönberg. Unter anderem sah ihre Hilfe so aus, dass sie Briefe an ihre Verwandtschaft in den Westen schickten. Diese Verwandten wiederum leiteten die ganze Post, die sie von dieser Familie aus der DDR erhielten, an meinen Onkel und meine Tante weiter. In diesen Briefen waren Urkunden und andere Dokumente enthalten, die wir brauchten, um uns beispielsweise ausweisen zu können – Geburtsurkunden, Arbeitsunterlagen, Dokumente für die Rente und all solche Dinge. Außerdem schickten sie noch Pakete in den Westen, in denen sie besondere Andenken und Gegenstände eingepackt hatten, damit wir – zusätzlich zu dem, das wir in unseren Taschen und Koffern transportierten – Utensilien aus unserem Haushalt über diesen Weg mit in den Westen nehmen konnten. Eine Vase von damals habe ich in meinem Wohnzimmer stehen gehabt, genauso einen braunen Krug und eine grüne Birne sowie kleine Schnapsgläser und kleine Teller.

Da meine Eltern nicht alles per Post verschicken wollten, musste mein Vater ein paar Unterlagen allerdings auch selbst mitnehmen. Diese Dokumente hatte er sich unten in den Saum seines Mantels eingenäht, sodass sie nicht zu sehen waren. Als er sie nach seiner Ankunft in Lübeck herausholte, mussten mein Onkel, meine Tante und meine Cousine erneut lachen, denn für sie war es unbegreiflich, dass man solche Dinge verstecken musste und nicht einfach in einer Tasche oder einem Koffer oder ähnlichem transportieren konnte – in der DDR war das Risiko, kontrolliert und durchsucht zu werden, aber zu groß. Wenn da solche Dokumente oder Ähnliches gefunden worden wären, hätte es ganz schlecht ausgesehen für meinen Vater, weil man sofort misstrauisch geworden wäre. Zudem staunten sie, auf welche Ideen man in der DDR so kam.

Für den Fall, dass alles schief gegangen wäre, also dass mein Vater als Flüchtling enttarnt sowie umgehend in das Gefängnis gekommen wäre, denn das drohte den Flüchtlingen damals, und meine Mutter mit mir ebenfalls aufgeflogen wäre, hätten diese Freunde in Schönberg diese ganzen Sachen besessen und hätten sie meiner Mutter wiedergeben können, sobald sie wieder zu Hause gewesen wäre. Hintergrund dieser Angst war die Stasi, denn die Stasi, die meinem Vater ohnehin schon nicht gut gesonnen war, bewachte und kontrollierte sozusagen die DDR von innen, indem sie die Bürgerinnen und Bürger ausspionierte. Und wenn sie dich erst einmal in der Hand hatten, gab es keine realistische Chance auf ein Entkommen. Du warst daher zwingend auf Freunde angewiesen, die vor allem dichthielten und dich nicht verrieten. Es war, ganz nüchtern betrachtet, eine ungemein gefährliche Situation ...

Naja, in den 1970ern erzählte mir mein Vater dann also seine Fluchtgeschichte: Während meine Mutter und ich zu Fuß nach Lübeck gingen, machte sich mein Vater auf den Weg nach West-Berlin. Die Absprache war, dass er sich von dort melden würde, sobald er dort war. Mein Vater war immer sehr gut informiert, weil er durch seine Arbeit ein wenig herumkam und sich mit den Leuten unterhielt. Dadurch wusste er fast immer, was los war – nicht nur in der DDR, sondern auch im Westen. Daher war ihm auch bekannt, dass der Weg nach West-Berlin ganz, ganz gefährlich war, denn dort gab es damals ein riesiges Sammellager, in Marienfelde, wo die ganzen Flüchtlinge aus der DDR versammelt, registriert und untergebracht wurden, um sie später in die Bundesrepublik auszufliegen. Einen anderen Weg gab es nicht, denn weder mit der Bahn noch mit dem Bus hätte man in den Westen reisen können, da man ja durch die DDR hätte fahren müssen – unmöglich.

Mein Vater hatte erfahren, dass die Stasi im Bereich des Flüchtlingslagers oft unterwegs sein und die Leute von der Straße ins Auto zerren würde, um sie zurück in die DDR zu transportieren. Richtig perfide war es, wenn die Stasi dabei Familien ausmachte, die aus der DDR nach West-Berlin geflüchtet waren: Dann schnappten sie nämlich einfach Kinder, die vor den Lagerhäusern auf der Straße spielten, zogen diese in ihre Autos und fuhren sie zurück in die DDR. Dadurch zwangen sie die Eltern, zurück in die DDR gehen zu müssen oder ohne ihre Kinder im Westen zu bleiben. Das war auch einer der Hauptgründe, weshalb meine Mutter mit mir durch das Sperrgebiet in den Westen ging und nicht über West-Berlin. Das Risiko, dass die Stasi mich ihnen entreißen und in die DDR schleppen könnte, wollten sie um keinen Preis eingehen. Außerdem hatte mein Vater herausgefunden, dass im Flüchtlingslager Marienfelde viel geklaut und gestohlen wurde. Teilweise handelte es sich dabei um Stasi-Mitarbeiter, die einerseits wertvolle Gegenstände oder Gelder oder Dokumente klauten und andererseits selbst dort Kinder regelrecht kidnappten, um sie zurück in die DDR zu bringen, sodass ihre Eltern nachkommen, also zurückkommen, mussten. Teilweise waren es allerdings auch andere Flüchtlinge, die sich schlicht bereichern wollten.

Mein Vater sagte, dass dieses Auffanglager in einer riesigen Halle war, in der Feldbetten standen, die nur durch Vorhänge oder Tücher von anderen Betten abgetrennt waren. Türen, Zimmer oder Privatsphäre gab es in diesem Lager nicht. Mein Vater berichtete mir, dass er seine wichtigen Sachen nachts in seinem Kopfkissen verstaute, damit er gemerkt hätte, wenn jemand ihn beklauen wollte. Seinen Mantel nutzte er als Decke, darüber lag die normale Decke. Er sagte aber: „Trotzdem habe ich mich kaum getraut, wirklich einzuschlafen.“ Deshalb war er auch so eingefallen und müde, als er in Lübeck eintraf, weil er kaum Schlaf fand im Lager und einfach fertig und kraftlos war. Diese Zeit damals muss fast gewesen sein wie im Krieg: Schlaf war gefährlich! Er sagte auch: „Ich war heilfroh, dass ich euch nicht mitgenommen habe, sondern dass ihr zu Fuß direkt über die Grenze gegangen seid. Wir hätten dich anbinden müssen, weil es so gefährlich war." Er berichtete mir zudem, dass er sah, wie die Stasi bei zwei Familien die Kinder in West-Berlin auf der Straße schnappte und ins Auto zerrte. Er sei so froh gewesen, dass er sich darum keine Sorgen hatte machen müssen, da wir ja nicht dabei waren ...

Jedenfalls hat er abends, als wir mittags mit dem Taxi weg aus Schönberg fuhren, seine Taschen genommen, ist zu seinem Fahrrad gegangen und losgefahren. Er wusste, dass bei uns alles geklappt haben müsste, denn andernfalls wären wir ja bis zum Nachmittag oder frühen Abend zurück gewesen oder er hätte eine Meldung der Behörden erhalten. Als es dunkel war, fuhr er, wie geplant, gegen 21:00 Uhr nach Rhena und weiter nach Gadebusch. Dort wohnte damals meine Tante Ingeborg mit ihrem Mann, dem Onkel Peter. Dieser Onkel war ein Schlitzohr, wie mein Vater mir erzählte: Er besaß ein Taxiunternehmen, verdiente für DDR-Verhältnisse eine Menge Geld damit und fuhr heimlich nachts DDR-Bürger nach Ost-Berlin, von wo aus diese wiederum mit der U-Bahn beziehungsweise S-Bahn nach West-Berlin wollten. Damals waren die Kontrollen noch nicht ganz so streng, wie es nach dem Bau der Mauer der Fall war. Zu dieser Zeit, als mein Onkel die Fluchtsuchenden nach Ost-Berlin brachte, waren die Kontrollen speziell morgens, wenn viele Berufstätige aus Ost- nach West-Berlin fuhren, nicht allzu streng. Da war zwischen Arbeiter und Flüchtling nicht so leicht zu unterscheiden, denn es waren ja teils einfache Arbeiter in einfacher Kleidung; also rein optisch konnte man nicht wirklich darauf schließen, dass jemand flüchten wollte oder sich lediglich auf dem Weg zu seiner Arbeit befand.

Mein Vater hatte sich für diesen Abend mit meiner Tante und meinem Onkel verabredet. Als er bei ihnen in Gadebusch ankam, stand dort neben dem Onkel Peter jedoch noch ein weiterer Mann vor dem Haus. Mein Onkel sagte zu meinem Vater, dass dieser Mann mitfahren würde, da er auch nach Ost-Berlin wollte. Zu viert haben sie sich also ins Taxi gesetzt und sind Richtung Ost-Berlin aufgebrochen. Dort parkten sie das Auto und stiegen in die U-Bahn. Mein Vater schilderte, dass er sich in der U-Bahn einen Platz suchte und hinsetzte. Seine Aktentasche, in der unter anderem seine Thermoskanne und seine Butterbrotdose waren, legte er sich auf den Schoß. Die Einkaufstasche meiner Mutter, in der die Handtücher mit dem eingewickelten Silberbesteck waren, verstaute er unter seinem Sitz und setzte sich so, dass der Mantel, den er trug, die Tasche verdeckte. Als die Kontrolleure, die in Ost-Berlin die Bahngäste überprüften, zu ihm kamen und seine Papiere verlangten, zog er seinen Ausweis heraus und hielt ihn vor. Die Geste, wie er dies tat, habe ich noch genau vor Augen: Er hielt den Ausweis mit seiner linken Hand und zwar so, dass sein Daumen genau über seinem Beruf lag. So konnten die Kontrolleure nicht lesen, dass dort „Landwirt" stand; denn das war nun einmal sein auf dem Ausweis stehender Beruf. Hätten die Kontrolleure das gelesen, wären sie misstrauisch geworden: Ein Bauer sitzt in der U-Bahn von Ost- nach West-Berlin? Das hätten die DDR-Leute damals nie und nimmer durchgehen lassen. Sie hätten ihn festgenommen, ganz sicher. Der Zug war jedoch sehr voll, weil ja, wie gesagt, alle auf dem Weg zur Arbeit waren, und deshalb kontrollierten sie nicht so detailliert und pingelig wie zu anderen Uhrzeiten, um möglichst viele Passagiere überprüfen zu können.

In West-Berlin stiegen die vier aus, verließen den Bahnhof, gingen zu einem kleinen Park, in dem mein Onkel und meine Tante die beiden Männer zu einer Sitzbank führten. Mein Onkel und meine Tante teilten meinem Vater und dem anderen Mann mit, dass sie für einige Zeit wegmüssten. Mein Vater zitierte sie so: „Wir haben hier noch etwas zu erledigen und das dauert eine Weile. Tut uns einen Gefallen und bleibt so lange hier auf der Bank sitzen. Hier kann euch nichts passieren, ihr seid ja nun im Westen. Wir kommen auf jeden Fall wieder zurück und geben euch Bescheid, wo und wann ihr euch als DDR-Flüchtlinge melden könnt, um in den Westen zu kommen. Denn wir müssen ja noch sicher zurück in den Osten." Für die beiden bestand ein gewisses Risiko, denn sie hatten ihre Tochter allein zuhause gelassen. Das muss man sich mal vorstellen: Da fährst du als Vater und Mutter nach West-Berlin und schleust unerlaubt DDR-Bürger über die Grenze, gehst also das Risiko ein, in das Gefängnis zu müssen, solltest du auffliegen und festgenommen werden, und dein Kind schläft während alle dem in seinem Bett und weiß von nichts. Meine Eltern haben sich noch Jahre später darüber aufgeregt, dass mein Onkel und meine Tante dieses Risiko eingegangen sind.

Mein Vater und der andere Mann setzten sich also auf diese Bank und warteten. Und warteten und warteten. Stundenlang saßen sie auf dieser Bank und warteten, dass mein Onkel und meine Tante zurück zu ihnen kamen. Und als sie dort saßen, kamen sie ins Gespräch. In dieser Unterhaltung ist dann herausgekommen, dass mein Onkel mit dem Schleusen Geld verdiente – und zwar viel Geld. Vor der Abfahrt, als mein Vater das Ganze plante, hatte mein Onkel von ihm 400,00 Mark verlangt. Er benötige das Geld, weil er ja den Sprit für den Hin- und Rückweg zahlen müsste. Für meinen Vater war es eine Selbstverständlichkeit, ihm das Geld zu zahlen. Als er aber mit dem Mann auf der Bank saß und sich unterhielt, teilte ihm dieser mit, dass er ebenfalls 400,00 Mark an meinen Onkel zahlen musste, damit er ihn nach West-Berlin brachte. Mein Vater, ich sagte ja, dass er immer gut informiert gewesen war, hatte schon einmal das Gerücht gehört, dass die Stasi meinen Onkel Peter im Auge hatte, weil er als Fluchthelfer beziehungsweise Schlepper fungierte. Wie gesagt: Dass du jemanden nach West-Berlin brachtest, war nicht erlaubt; dafür auch noch Geld zu nehmen und daran zu verdienen, war erst recht verboten und absolut schoflig. Und hinzu kam, dass mein Onkel meinen Vater, also seinen eigenen Schwager, ausnutzte und über den Tisch zog. Er hätte ja sagen können, dass es insgesamt 400,00 Mark kosten würde und er deswegen von beiden jeweils 200,00 Mark bräuchte. Aber 400,00 Mark von meinem Vater und 400,00 Mark von dem Mann zu verlangen, das fand mein Vater im Nachhinein unverschämt.

Stundenlang saßen mein Vater und der Mann auf dieser Bank im Park. Als es dann langsam zu dämmern begann und der Abend näher rückte, wurde mein Vater nervös und begann sich Gedanken zu machen. Mein Onkel und meine Tante kamen einfach nicht wieder zurück und mein Vater erklärte mir: „Wir kannten uns dort überhaupt nicht aus und waren völlig verloren. Hätte uns nämlich jemand angesprochen, hätten wir nicht gewusst, was wir hätten antworten sollen.“ Dass sie im Westen nicht einfach so angesprochen würden, wenn sie einfach auf einer Parkbank saßen, wussten sie ja nicht. Sie kannten nur die Umstände aus der DDR und da musste man in jeder Situation, buchstäblich in jedem Augenblick damit rechnen, von einem Stasi-Mitarbeiter angesprochen und quasi verhört zu werden. Irgendwann fingen die beiden Männer also an, Blut und Wasser zu schwitzen. Selbst Misstrauen, dass sie von meinem Onkel und meiner Tante eventuell verraten worden wären, keimte auf.

Und plötzlich, als es immer später und langsam dunkel wurde, kamen mein Onkel und seine Frau zurück. Sie entschuldigten sich und versicherten, dass alles in Ordnung sei. Während sie miteinander sprachen, fand mein Vater heraus, dass die beiden Geld auf die Bank in West-Berlin brachten; so auch an diesem Tag. Deshalb waren sie auch so lange unterwegs gewesen, weil der Prozess dauerte und sie äußerst vorsichtig sein mussten. Mein Vater konnte das überhaupt nicht verstehen und, so sagte er, musste die Faust in seiner Tasche ballen. Auf der einen Seite ärgerte ihn, wie abgezockt die beiden waren und ihr Kind allein daheim ließen; auf der anderen Seite war er nun einmal auf sie angewiesen, denn er kannte sich ja nicht aus in West-Berlin.

Jedenfalls teilten die beiden meinem Vater und dem Mann mit, dass sie zu einer Polizeiwache gehen und sich dort als Geflüchtete aus der DDR, die in den Westen wollten, melden sollten. Allerdings müssten sie noch eine Stunde warten. Diese Zeit benötigten mein Onkel und meine Tante nämlich bis Ost-Berlin und dann erst sollten die beiden Männer sich melden gehen. Mein Vater und der Mann verabschiedeten sich, setzten sich wieder auf ihre Bank und warteten diese Stunde. Dann gingen sie zur Polizei und meldeten sich dort als Geflüchtete. Sie wurden, wie erwartet, zum Sammellager nach Marienfelde gebracht und registriert.

Er wurde dort von den Aufsehern sowie Verantwortlichen kritisch befragt und musste die Gründe für seine Flucht aus der DDR darlegen; weshalb er in den Westen wollte. Mein Vater, wie er es mir in den 1970ern erzählte, sagte, dass er gerne ins Ruhrgebiet wollte. Die Geflüchteten wurden von dem Lager aus zwar in den Westen geflogen, allerdings in den kompletten Westen: einige in den Norden, andere in den Süden, wiederum andere in die Mitte, wie das Rheinland oder Ruhrgebiet. Wenn man als DDR-Flüchtling registriert wurde, konnte man insofern einen Wunsch äußern, als dass man beispielsweise sagte, dass man Verwandtschaft in einer Stadt im Westen hatte und deswegen dorthin wollte; oder man hätte schon einen Arbeitsplatz in einer West-Stadt sicher, weshalb man dorthin wollte. Mein Vater hatte weder eine Arbeitsstelle im Westen noch Verwandtschaft, außer seiner Halbschwester in Lübeck, bei der meine Mutter und ich ja waren; in Lübeck wollten meine Eltern aber nicht leben, weil sie auf eigenen Beinen stehen wollten.

Die Verantwortlichen im Lager wollten ihn nach Bayern oder Baden-Württemberg fliegen, doch er lehnte dieses Angebot ab und sagte: „Da passe ich nicht rein!“ Ich weiß noch genau, wie er mir gegenüber genau diesen Satz schilderte. Und von seiner ganzen Art, von seinem Charakter her hätte er da auch nicht reingepasst. Er äußerte den Wunsch: „Ich will ins Ruhrgebiet.“ Das hatte er schon damals in Schönberg gesagt, ich wusste nur nicht, was ich damit anfangen sollte. Er wollte jedenfalls dorthin, weil es im Ruhrgebiet eine Menge freier Arbeitsplätze gab und begründete dies unter anderem mit seinem Alter, da er damals ja schon Mitte 40 war und so gesehen keinen richtigen Beruf erlernt hatte. Außerdem hätte ihm die Kultur dort zugesagt. Wuppertal war die erste Stadt, die ihm als Ziel angeboten wurde, aber nach Wuppertal wollte er ebenfalls nicht. Er schilderte, dass er Frau und Kind habe, die bereits im Westen seien und auf ihn warten würden. Das war sehr clever, denn auf diese Weise konnte er uns, meine Mutter und mich, auch gleich als Flüchtlinge registrieren lassen. Daraufhin wiesen sie ihn, und damit indirekt auch uns, dem Flüchtlingslager in Wesel am Rhein zu – sehr zu seiner Zufriedenheit.

Nach drei Tagen bestieg er mit anderen Geflüchteten, die nach Nordrhein-Westfalen kamen, ein Flugzeug und wurde nach Düsseldorf geflogen. In Düsseldorf angekommen, meldete er sich bei der dortigen Sammelstelle und ließ sich registrieren, teilte aber umgehend mit, dass er sofort weiter nach Lübeck müsste. Die Verantwortlichen zeigten sich verwundert und wollten ihn auf direktem Wege nach Wesel schicken, doch mein Vater widersprach dem und erklärte, dass er seine Frau sowie Tochter, die in Lübeck auf ihn warten würden, abholen müsste. Anschließend würden wir alle nach Wesel reisen und uns dort, dem Protokoll entsprechend, melden. Deswegen war es ja auch so schlau gewesen, dass er meine Mutter und mich bereits in West-Berlin registriert hatte, denn dadurch war der anknüpfende Prozess, uns abzuholen und gemeinsam nach Wesel zu fahren, viel einfacher und überhaupt erst möglich. Die Verantwortlichen verstanden dies und stimmten dem zu. Er bestieg in Düsseldorf den Zug und fuhr bis nach Lübeck. Extra dafür hatte er in Ost-Berlin sein DDR-Geld in West-Mark umgetauscht, um die Fahrkarte zu uns bezahlen zu können.

Und dann stand er abends bei uns vor der Tür, als ich ihn nicht erkannte. Mehr weiß ich nicht über seine Flucht, mehr hat er mir nicht erzählt ...

# DAS HOCHHAUS

Als mein Vater an diesem Abend in Lübeck ankam, war zwar einerseits die Freude über seine Ankunft und geglückte Flucht riesig. Andererseits waren sie alle aber auch geschockt, weil er so abgemagert, ausgelaugt und einfach fertig aussah. Mein Onkel und meine Tante sagten daher, dass wir noch ein paar Tage bleiben sollten, damit mein Vater sich erholen, einmal richtig ausschlafen und satt essen konnte. Dieses Angebot nahm mein Vater dankend an, wenngleich meine Mutter nun ein noch schlechteres Gewissen gegenüber meinem Onkel und meiner Tante hatte, weil sie ja nun drei Personen miternährten und mitversorgten ...

Nach einer Woche drängte mein Vater schließlich auf unsere Abreise, da er keine Schwierigkeiten mit den Behörden bekommen wollte. Denn: Wir waren ja Wesel zugeteilt worden und, obwohl eine Woche vergangen war, immer noch nicht dort. Mein Vater befürchtete, dass wir unseren Platz verlieren und in Schwierigkeiten geraten könnten, weshalb er weg aus Lübeck wollte. Wir verabschiedeten uns und meine Mutter bedankte sich so oft bei meinem Onkel sowie meiner Tante, dass ihre gesamte Unzufriedenheit, dass wir ihnen für so eine lange Zeit, insgesamt waren es ja rund vier Wochen gewesen, auf „der Pelle lagen“, deutlich wurde. Und dann stiegen wir in Lübeck in den Zug und fuhren nach Wesel.

Abends kamen wir in Wesel an und es herrschte ein unglaubliches Unwetter. Die Zugverbindungen damals waren ja deutlich langsamer als heutzutage. Morgens waren wir in Lübeck in den Zug gestiegen, umgestiegen sind wir bestimmt, an mehr kann ich mich bezüglich der Fahrt nicht mehr erinnern. Aber als wir ankamen, hat es aus allen möglichen Wolken geschüttet. Das Wasser stand auf den Straßen, der Himmel war dunkel aufgrund der Gewitterwolken und wurde nur durch die Blitze erhellt. Immer wieder donnerte und blitzte es, dazu eben der Platzregen. Wir standen dann am Bahnhof und warteten, weil mein Vater nach dem Weg fragen musste. Nie zuvor war einer der unseren dort gewesen und mal eben mit einem Smartphone den Weg zu finden, war unmöglich, weil es so etwas ja noch gar nicht gab. Als er nach dem Weg fragte, reagierten die Mitarbeiter der Bahn sehr komisch, denn mein Vater fragte nach dem Fußweg. Wir sollten ein Taxi nehmen, da es bei diesem Wetter doch unmöglich sei, zu Fuß zu gehen, da man ja automatisch bis auf die Haut nass werden würde. Wir seien Flüchtlinge aus der DDR und hätten kein Geld für ein Taxi, antwortete mein Vater. Also erklärten sie ihm den Weg und wir verließen den Bahnhof.

Und dann sah ich, das habe ich noch genau vor Augen, eine Skulptur. Wenn man aus dem Bahnhof herauskam, ging man automatisch auf sie zu und stand mehr oder weniger vor ihr: Sie zeigte einen Vater, eine Mutter und zwei Kinder. Diese Figuren sahen aus wie wir, wie Flüchtlinge; mit Gepäck, aber nur sehr wenig; mit Kleidung, die unserer glich; mit Gesichtsausdrücken, wie wir sie trugen. Ich weiß nicht, ob das ein Mahnmal oder ein Willkommensgruß oder ein Denkmal war, keine Ahnung. Aber es sah einfach aus, wie eine geflüchtete Familie, die soeben im Westen angekommen war – wie wir eben. Ich sagte zu meiner Mutter: „Komisch, die sehen ja aus wie wir?!“ Allerdings war meine Mutter mit ihren Gedanken ganz woanders, denn sie versuchte, meinem Vater beim Finden des richtigen Weges zu helfen. Wir gingen eine gewisse Zeit, wie lang genau weiß ich nicht mehr, bis wir an einem Hochhaus ankamen. Ich stand davor und dachte: „Aha, so sehen Flüchtlingslager aus?“ Ich kannte solche hohen Häuser mit mehreren Stockwerken aus meiner Heimat gar nicht. Wohnhäuser mit zwei und selten drei Etagen, die hatte ich schon einmal gesehen. Aber deutlich mehr als fünf, wie es nun bei diesem Hochhaus in Wesel der Fall war, hatte ich noch nie gesehen. Irgendwie hatte ich mir das anders vorgestellt ...

Angekommen an diesem Hochhaus betraten wir das Erdgeschoss und meldeten uns an dem Schalter, doch das Ganze entwickelte sich aus zwei Gründen zu einem schwierigen Prozess. Erstens war dieser Schalter für Neuankömmlinge nur zu bestimmten Zeiten geöffnet, weil dies mit den Verantwortlichen in Düsseldorf koordiniert wurde, so dass es ein Zeitfenster gab, in dem die Flüchtlinge ankamen, registriert und auf die Zimmer verteilt wurden. Zweitens waren wir ja nicht nur ein paar Stunden zu spät, sondern durch die Woche, die wir zusätzlich in Lübeck verbracht hatten, mehrere Tage. Minutenlang lamentierten die Verantwortlichen und warfen meinem Vater dies und das und jenes vor, wollten uns nicht weiterhelfen – bis mein Vater explodierte: „Wir sind pitschnass, waren den ganzen Tag unterwegs, meine Tochter ist müde, meine Frau ist geschafft. Dass der Zug nicht schneller gefahren ist, dafür kann ich nichts, denn das Wetter kann ich nicht beeinflussen. Alle meine Papiere habe ich Ihnen vorgelegt und wir können uns doch jetzt nicht vor die Tür setzen und bis morgen warten?!“ Mein Vater war ein sehr sachlicher Mann, der nur selten laut wurde, aber wenn er es wurde, dann war das schon überzeugend und einschüchternd. An diese Szene erinnere ich mich deshalb so gut, weil er wirklich laut und böse war; eben explodierte. Damit hatten die Verantwortlichen am Schalter nicht gerechnet, zumal er auch noch im Recht war, denn all seine Argumente hatten Hand und Fuß. Also wiesen sie uns einem Zimmer zu, gaben meinem Vater die Schlüssel und ließen uns in das Hochhaus hinein.

Das Zimmer war, ich weiß nicht mehr auf welcher Etage, offensichtlich Teil einer ganzen Wohnung, die insgesamt sechs Zimmer, eine Küche und ein Badezimmer hatte. In jedem einzelnen Zimmer lebten entweder eine Familie oder mindestens zwei zusammengehörende Personen. Von all diesen Personen wurden dann das Badezimmer und die Küche gemeinsam genutzt. Eine wirkliche Privatsphäre gab es daher nicht und das war im ersten Moment einfach komisch, denn da war unsere Wohnung in Schönberg und vor allem auch die Wohnung meines Onkels in Lübeck deutlich größer beziehungsweise fast schon luxuriös.

Auf der anderen Seite sah ich etwas, das ich noch nie zuvor gesehen hatte. Wenn man ins Badezimmer ging, stand man nämlich auch vor der Toilette und so eine hatte ich noch nie zuvor gesehen. Aus meiner Zeit in Schönberg kannte ich ja nur ein Plumpsklo, zu dem man über den Hof gehen musste und sich dann auf ein Loch, das in einem kleinen Holzkasten angebracht war, setzte; wie die Dixi-Klos heutzutage, nur auf Naturbasis. Im Sommer flogen die Fliegen um einen herum und je heißer es war, desto intensiver war natürlich auch der Geruch, also vielmehr Gestank. Und im Winter hast du gefroren, das kann man sich heute kaum vorstellen. Wenn man fertig war, musste man sich mit Zeitungspapier den Hintern abwischen, Toilettenpapier hatten wir in Schönberg nicht ... Bei meiner Tante hatte ich dann zum ersten Mal ein Klo kennengelernt, das in die Wohnung integriert war und bei dem du an einer Schnur ziehen konntest, sodass Wasser aus dem Kasten über der Toilette in die Schüssel lief und dadurch abspülte ... Aber das Klo, das wir nun hatten, war noch moderner. Da stand ich, das kleine Mädchen aus dem Osten, in einem Übergangsheim für Flüchtlinge in Wesel, alles war neu und mittendrin ein Klo, das ich noch nie zuvor gesehen hatte. Man konnte sich setzen, ohne dass es kalt war oder wurde; es gab eine Spülung, die ich aus der DDR nicht kannte und selbst die bei meiner Tante in Lübeck an Modernität übertraf, denn hier gab es einen Kippschalter statt einer Schnur sowie immer ausreichend Wasser, weil dies aus einem Rohr kam und nicht mehr aus einem Kasten; es war gar nicht mehr so unangenehm auf die Toilette zu müssen. Der einzige Nachteil bestand darin, dass ja mehrere Familien in der Wohnung lebten und sich eine Toilette teilen mussten, wodurch es einfach ganz schön schwierig wurde, einen Moment abzupassen, in dem man gehen konnte. Meistens war es so, dass das Klo besetzt war, wenn man kam, weshalb man einen Augenblick früher gehen musste, um die Wartezeit mit einzukalkulieren.

Tage später stellte sich heraus, dass es sich bei unserem Hochhaus in Wesel im wahrsten Sinne des Wortes um ein Durchgangslager handelte. Die Flüchtlinge sind dort nach ihrer Ankunft aus West-Berlin eingezogen, um ein Dach über dem Kopf zu haben, bis sie sich eine neue Bleibe gesucht hatten; solange durften sie bleiben. Meist waren es ein bis zwei Wochen, die man Zeit hatte, um sich selbst etwas Neues zu suchen oder man wurde einer neuen Bleibe in Wesel oder auch anderen Städten zugewiesen; mit dem Bus wurden sie dann zu ihrer neuen Bleibe gefahren, wenn sie sich nicht schon selbst eine organisiert hatten.

Den anderen Flüchtlingen ging es fast ausschließlich wie uns: Man besaß im Westen kein Geschirr, keine Töpfe und so weiter, da man nur das Wichtigste mit auf die Flucht genommen hatte. Die Leute waren aber nicht dumm und haben sich beispielsweise leere große Gurkendosen und Sauerkrautdosen besorgt, gespült und dann als Töpfe benutzt, in denen sie ihre Wäsche gekocht haben. Damals hat man die Dose mit Wasser gefüllt, auf den Herd gestellt und erhitzt, um dann die Wäsche zu waschen. Und wenn eine Familie das Hochhaus in Wesel verließ, überließ sie diese Dosen der neuen Familie, die ihr Zimmer als nächstes bezog. In der Küche standen mehrere kleine, tragbare Herde. Es gab einen Stundenplan, auf dem ganz genau stand, welche Familie zu welcher Uhrzeit kochen durfte. Das bedeutete im Umkehrschluss, dass man sich im Vorhinein überlegen musste, was man essen und wie man es zubereiten wollte, denn manchmal musste man zwischen 11:00 und 11:30 Uhr kochen, wollte aber erst um 13:00 Uhr zu Mittag essen. Dementsprechend konnte man keine warme Mahlzeit einplanen, denn die würde ja kalt werden. Meine Mutter sprach sich manchmal mit den anderen Frauen ab, um ihre Kochzeiten zu tauschen, aber einfach war das nicht und vor allem ging das auch nicht mit jeder anderen Frau. Zwischendurch musste man ja auch noch die Kleidung waschen, also auf dem Herd kochen, denn einen Waschraum gab es nicht; von Waschmaschinen gar nicht erst zu sprechen. Die Wäsche konntest du ja auch nicht aufhängen, denn der Platz dafür fehlte. Also, das waren alles sehr spartanische Bedingungen, das muss ich sagen.

Das mit dem Essen war auch so eine spezielle Sache, denn wir hatten ja weder viel Geld noch eine Arbeit. Das erging allen, die aus der DDR in dieses Hochhaus nach Wesel gekommen waren, so, wie mein Vater uns mitteilte, nachdem er ein paar Gespräche geführt und anderen zugehört hatte. Allerdings waren die Verantwortlichen darauf vorbereitet und verteilten Geld an uns, das vom Staat kam. Flüchtlingsgeld, wenn man es so nennen möchte, das aber offiziell den Namen „Startgeld“ trug. Pro Erwachsenem gab es 30 Mark, bei uns also 60. Hinzukam noch ein bisschen, weil wir durch mich zu dritt waren, allerdings weiß ich nicht mehr genau, wie hoch diese Summe war. Aber das Alter des Kindes und die Anzahl der Kinder war entscheidend dafür, wie viel Geld die Familie zusätzlich erhielt. Mein Vater hatte zudem noch ein bisschen Geld, das er in der DDR angespart und im Westen umgetauscht hatte. Das war übrigens kein gutes Geschäft, denn die West-Mark war viel wertvoller als die Ost-Mark, so dass man ein Minusgeschäft eingehen musste.

Mein Vater nutzte seine Zeit in Wesel jedoch, um sich zu informieren. Ich sagte ja bereits, dass er clever und immer gut informiert war; das war irgendwie ein Talent, das ihm mit in die Wiege gelegt worden war. Jedenfalls war er, auch weil er noch keine Arbeitsstelle hatte, bei uns für das Einkaufen verantwortlich und fand dabei heraus, dass es, kurz bevor die Märkte schlossen, die Lebensmittel und anderen Produkte dort für weniger Geld gab. Also ging er immer erst später zu den Märkten, um die Reste zu kaufen, für einen deutlich billigeren Preis. Natürlich war das kein schön aussehendes Gemüse und Obst, aber das spielte keine Rolle, denn wir waren hungrig und hatten ohnehin nicht viel Geld. Die Hauptsache war, dass wir genug Essen hatten und satt wurden. Einmal kam er an einem Abend zurück mit einer großen, braunen Papiertüte, die bis oben hin mit Hefeteilchen gefüllt war. Die kamen vom Bäcker, weil er sie übrig hatte und sie schon einen Tag alt waren. Und: Die gesamte Tüte hatte mein Vater für eine

Mark gekauft. Das war ein gutes Geschäft für ihn. Im Unterschied zu Lübeck gab es in Wesel zwar keine Marktschreier, die einen Haufen Bananen für eine Mark anboten und die ich wirklich vermisste, aber Hefeteilchen waren eine gern gesehene Alternative ...

Die haushaltsfreie Zeit verbrachten wir mit Spaziergängen, wobei mir einer besonders im Gedächtnis geblieben ist: Meine Mutter hatte sich seit jeher gewünscht, ein Mal in ihrem Leben den Rhein zu sehen, denn sie kannte ihn nur aus Erzählungen und Liedern. „Ein Mal in meinem Leben möchte ich den Rhein mit meinen eigenen Augen sehen, nur ein einziges Mal“, hatte sie in Schönberg jahrelang geseufzt. Und eines Morgens in Wesel sagte mein Vater: „Heute gehen wir zum Rhein.“ Also gingen wir zum Rhein, das Lächeln und die Vorfreude im Gesicht meiner Mutter sehe ich noch heute vor mir. Wesel liegt allerdings am Niederrhein und das ist etwas ganz Anderes als der Rhein, der in den Liedern besungen wird. Diese Lieder, auf denen die Sehnsucht meiner Mutter nach dem Fluss beruhte, waren über den Rhein bei Königswinter, Rüdesheim, Bingen oder Köln geschrieben und dort gab es eine ganz andere Landschaft, eine viel romantischere Sicht als in Wesel. Wir kamen am Rhein an und meine Mutter war völlig enttäuscht, völlig überrascht und völlig sprachlos, weil der Rhein eben überhaupt nicht so aussah, wie sie sich das vorgestellt hatte. Ihr Gesicht war leer und sie suchte förmlich die Landschaft ab, um den einzigartigen Rhein, den sie aus den Liedern kannte, zu finden. Aber das Bild, das wir sahen, war ein vollkommen anderes: Im Rhein lagen viele Trümmer vom zweiten Weltkrieg, die Reste einer zerstörten Brücke ragten aus dem Wasser heraus. 1960, also lediglich 15 Jahre nach dem Ende des Zweiten Weltkrieges, waren die Überreste und Spuren der Zerstörung noch immer deutlich zu sehen. Statt Freude entfalteten sich dunkle, teils verdrängte Erinnerungen an eine Zeit, die weder meine Mutter noch mein Vater wiederbeleben wollten. Meine Mutter setzte sich in das Gras und begann zu weinen: „So habe ich mir den Rhein aber nicht vorgestellt, der ist ja gar nicht romantisch!“

„Ja“, antwortete mein Vater nüchtern und erklärend zugleich: „Du bist ja hier auch nicht am romantischen Rhein.“ Er legte seine Hand auf ihre Schulter und sprach ihr gut zu: „Aber du bist nun wenigstens schon einmal am Rhein, das hast du dir doch all die Jahre gewünscht?!“

Aber meine Mutter war kaum zu trösten, sie war richtig enttäuscht, sprach minutenlang kein einziges Wort mehr. Ich selbst staunte und rieb mir die Augen: *Diese* Spuren und Überbleibsel des Krieges hatte ich so ja noch nie zuvor gesehen. Da lag ein riesiger Fluss vor mir und in ihm lauter Überreste und Ruinen, Steine und Gemäuer. Grausam ...

Nach einer Woche bekamen wir Bescheid, dass wir nun an der Reihe wären, das Hochhaus zu verlassen und in eine neue Stadt zu ziehen. Wenn man in diesem Zusammenhang denn überhaupt von einem Umzug sprechen kann. Jedenfalls fuhr unser Bus nach Mühlheim an der Ruhr. Wir packten unsere sieben Sachen und bestiegen mit den anderen Familien den Bus, der uns nach Mühlheim brachte.

# DAS ZIMMER

An die Fahrt selbst habe ich kaum noch Erinnerungen. Ich weiß nur, dass der Bus voll war und ein Raunen durch ihn ging, als wir in einer Stadt ankamen: Mühlheim an der Ruhr. Wir fuhren eine lange Straße entlang und es ging ein bisschen bergauf, bevor wir nach einer intensiven Linkskurve zu einem großen Platz kamen, auf dem der Bus hielt. Meine Mutter und mein Vater saßen auf ihren Sitzen und schauten sich überrascht, fast schon etwas entsetzt, an und ich weiß noch, wie meine Mutter mit erschrockenem Blick meinen Vater ansprach: „Das ist ja eine alte Kaserne!?“

Das ganze Gelände war durch eine halbhohe Mauer, aus der in regelmäßigen Abständen Pfähle herausragten, die mittels Eisendrähten miteinander verbunden waren, eingezäunt. Entlang dieser Mauern standen vereinzelte Gebäude, die sich vom Baustil her sehr ähnlich sahen. Der Bus fuhr wieder an und einmal quer über den Platz, bis wir zu den letzten drei Gebäuden, die ziemlich eng beieinanderstanden, gelangten. Dort stiegen wir aus und gingen mit unserem Gepäck auf eben diese Gebäude, genauer auf das linke, zu. Ich hatte solche Bauten noch nie zuvor gesehen: Man ist durch eine breite Eingangstür hereingekommen, die Stufen vor ihr waren verhältnismäßig niedrig. Hatte man sie erklommen und die Tür durchquert, öffnete sich ein ganz langer, sehr langer Flur, an dessem anderen Ende man das Gebäude wieder verlassen konnte. Links und rechts gingen in gleichmäßigen Abständen sehr große Türen ab, die den Flur noch länger wirken ließen, als er ohnehin schon war.

Alle mussten sich natürlich registrieren lassen und wurden daraufhin den Zimmern zugewiesen. Wir erhielten ein Zimmer im ersten

Stock, weshalb wir die Treppe nach oben gingen und dort genau das gleiche Bild wie im Erdgeschoss sahen: Der Flur und die Türen, alles sah genauso aus wie im Erdgeschoss – auf der anderen Seite konnte man wieder heruntergehen, wie es auch im Erdgeschoss der Fall war. Später haben wir Kinder, die in diesem Gebäude lebten, Fangen gespielt, indem wir auf der einen Seite hoch und an der anderen wieder herunter liefen ...

Wir gingen den Flur auf dem ersten Stock für einige Meter entlang und bogen dann nach rechts durch eine der großen Türen in einen Raum ein. Dieser Raum war sehr hoch, rein von meiner Erinnerung her würde ich heute drei bis vier Meter sagen; wirklich sehr hoch. Die Hälfte des Raumes war durch eine Wand, die aber nicht bis zur Decke hoch reichte und aus sehr dünnem Holz bestand, begrenzt, in der zwei Türen angebracht waren. In einer Ecke stand ein Ofen, ansonsten war der Raum völlig leer. Uns wurde gesagt, dass die rechte Tür zu unserem Zimmer führen würde und die linke zu dem einer anderen Familie. Also gingen wir zu dieser Türe und öffneten sie: In diesem Zimmer stand an der linken Wand ein Tisch und geradeaus war ein Fenster in die Wand integriert, dessen Fläche mit Zeitungspapier beklebt war. Ich kannte bis dahin nur Gardinen, die man vor Fenster hing, aber Zeitungen? Das war mir neu. An der rechten Wand stand ein Kleiderschrank, ein Feldbett aus Eisengestell, auf dessen Matratze Kopfkissen, Zudecke und eine graue Decke, die einen braunen Streifen hatte, lagen. Meine Mutter vermutete, dass dies alles zuvor Soldaten gehört hatte. Neben diesem Einzelbett stand ein Hochbett – und das war es auch, ansonsten war das Zimmer leer. Die linke Zimmerwand sah komisch aus und mein Vater begutachtete sie, wobei sich herausstellte, dass es sich rechts und an der Fensterseite zwar um richtige Wände handelte, diese auf der linken Seite, die uns von der anderen Familie, welche neben uns wohnte, trennte, jedoch lediglich aus sehr dünnem Holz war. Der eigentliche Raum wurde also aufgeteilt, damit man mehr Familien unterbringen konnte: Der Vorraum war für beide Familien, die ihr jeweiliges Zimmer hinter der Tür hatten.

Die andere Familie, ein Elternpaar und ihre beiden Kinder, neben uns kam aus Sachsen, zum ersten Mal in meinem Leben hörte ich also den sächsischen Dialekt. Wir Kinder haben uns, wenn unsere Eltern nicht da waren, oft einen Stuhl genommen und ihn auf den Tisch gestellt, sind erst auf den Tisch und dann auf den Stuhl geklettert und konnten uns dadurch oben, über der besagten Trennwand, sehen, von Angesicht zu Angesicht miteinander sprechen und in das jeweils andere Zimmer schauen. Natürlich gab es aufgrund dieser Umstände keinerlei Privatsphäre: Wenn du gepupst hast, haben alle anderen das gehört; wenn du gerülpst hast, haben alle anderen das gehört; wenn du geschnarcht hast, haben alle anderen das gehört; wenn es Streit gab, haben alle anderen das gehört.

Nachdem wir in das Zimmer geführt wurden, erhielten meine Eltern von den Verantwortlichen, die uns zum Zimmer geleitet hatten, einen Schlüssel für die Tür und gingen wieder, so dass nur noch wir drei zurückblieben; das Nachbarzimmer war in diesem Moment leer. Mein Vater und meine Mutter inspizierten „unser" Zimmer und dann spielte sich eine Situation ab, die für mich ganz schlimm und ganz einprägsam war: Meine Mutter setzte sich auf das Bett und mein Vater neben sie. Meinem Vater standen die Tränen in den Augen, das hatte ich zuvor bei ihm noch nie in meinem Leben gesehen, und meine Mutter heulte wie ein kleiner Schlosshund: „Was haben wir angestellt?", fragte meine Mutter ratlos und enttäuscht. „Was haben wir getan? So haben wir uns das alles doch gar nicht vorgestellt. Wenn wir das vorher gewusst hätten ... Wir hatten „wenigstens" eine vernünftige Wohnung, Möbel und unsere Aussteuer – und hier haben wir nichts, wirklich gar nichts." Sie war kreidebleich, die Tränen liefen ihr nur so über die Wangen hinunter und sie wirkte auf mich abwesend. Mein Vater saß neben ihr, legte seinen rechten Arm, dieses Bild ist ganz genau in meinem Gedächtnis hängen geblieben, um sie. Beide trugen ihre Wintermäntel, weil sie diese für die Fahrt angezogen hatten, um sie nicht tragen zu müssen, und saßen auf diesem nicht bezogenen Feldbett, dahinter das Fenster, beklebt mit dem Zeitungspapier.

Das war eine Szene, wie man sie heutzutage aus Filmen oder Büchern kennt, aber es war alles real und unbeschreiblich emotional. Es war so irre: Ich stand vor den beiden und hatte irgendwie das Gefühl, dass die Welt plötzlich ganz dunkel zu werden schien, aufgrund der Hoffnungslosigkeit, die meine Mutter und tatsächlich auch mein Vater in diesem Moment ausstrahlten. Als Kind stehst du davor und fragst dich: „Was ist denn jetzt passiert? Was ist mit Mama und Papa los? Und ohnehin hatte ich ja noch diese ganzen anderen Fragen: Womit werde ich nun spielen? Welche Freunde habe ich eigentlich jetzt? Werde ich auf eine Schule gehen? Ich kenne doch niemanden hier!“

Das war alles ganz, ganz eigenartig. Mein Vater versuchte, sie zu beruhigen, obwohl er selbst eine ordentliche Portion Hoffnungslosigkeit ausstrahlte: „Mach dir keine Gedanken! Wir suchen uns jetzt Arbeit, verdienen Geld und dann kaufen wir uns, was wir brauchen!“

Ich war so benebelt von diesen ganzen Eindrücken, dass ich nicht mehr allzu viele weitere Erinnerungen an diesen Tag habe. Erstmal haben wir das Zimmer zumindest ein bisschen hergerichtet: Wir bezogen die Betten, meines war das obere Hochbett, mein Vater schlief unter mir und meine Mutter auf dem einzelnen Feldbett; wir räumten unsere Sachen, soweit es denn möglich war, in den Schrank; wir suchten Plätze für unsere Gepäckstücke. Da mein Vater Bedenken hatte, dass jemand in unser Zimmer kommen und etwas klauen könnte, trug er seine Aktentasche, in der die ganzen wichtigen Dokumente und Papiere waren, entweder die ganze Zeit bei sich oder er ließ sie im Zimmer, weil er oder meine Mutter ebenfalls dort blieben. „Was nützt es, wenn wir die Tür abschließen? Wenn die wollen, können sie die Wand herüberklettern und sind sofort im Zimmer“, zuckte er nüchtern mit den Achseln. Im Zimmer zurück, wenn wir beispielsweise einen Spaziergang unternahmen, ließ er die Tasche daher nicht.

Mein Vater war deutlich unternehmungslustiger als meine Mutter und schaute sich in den folgenden Tagen in der Stadt um. Er suchte nach Märkten, nach Läden und Straßen, wollte sich einen Überblick verschaffen, was es in der Stadt so gab, was man wissen musste und worauf man achten sollte. Ich sagte ja schon einmal, dass er ein Talent dafür hatte, gut informiert zu sein – das war auch in Mühlheim an der Ruhr so. Er unterhielt sich hier und er unterhielt sich dort, las dies und las das, sodass er schnell einen guten Überblick gewann. So fand er unter anderem heraus, dass es in Mühlheim einen Markt gab, der ähnlich funktionierte wie jene in Lübeck und in Wesel: Er ging, kurz bevor die Verkäufer ihre Stände schlossen, zu ihnen und konnte so für den halben Preis einkaufen. Eines Tages kam er von einem seiner Spaziergänge, die er auch gerne zum Einkaufen nutzte, zurück und hatte Apfelsinenkisten mit. Die waren ungefähr einen Meter breit, ungefähr 50 Zentimeter lang, in der Mitte geteilt und leer. Er brachte mehrere dieser Kisten vom Markt mit und meine Mutter kaufte ganz billigen Reststoff, der nur ein paar Groschen kostete. Sie nähte daraus Vorhänge und nutzte ihn für die Kästen: Sie nahm Reisbrettstifte, drückte sie in die Kisten und nähte abermals kleine Vorhänge, sodass diese vor die Kisten gehängt werden konnten: Das waren dann unsere Nachtkästchen. Ich besaß also mein erstes eigenes Nachtkästchen, seit wir aus Schönberg geflohen waren, in das ich meine Autogrammkarten und meine beiden Bücher legte.

Und dann war da noch der Umstand, dass ich, während unserer Zeit in dem Lager, herausfand, was in den anderen beiden Gebäuden, vor sich ging. Wir waren ja, als wir bei unserer Ankunft mit dem Bus vorfuhren, auf dem großen Platz ausgestiegen und hatten insgesamt drei große Gebäude gesehen. In eines, das sozusagen links stand, wurden wir geführt und erhielten unser Zimmer, während die anderen beiden nicht weiter thematisiert wurden. Je länger wir dort wohnten, desto mehr fanden wir jedoch über diese Gebäude heraus und dabei wurde deutlich, dass unser Gebäude ausschließlich für DDR-Flüchtlinge vorgesehen war. In dem Gebäude, das uns gegenüberstand, lebten die ersten Gastarbeiter, die damals nach Deutschland geholt wurden. Ich konnte mit diesem Begriff wenig anfangen, denn weshalb sollten Gäste denn arbeiten? Gäste waren doch Gäste?!

Das ergab für mich keinen Sinn, erst im Laufe der Jahre begriff ich die Zusammenhänge. Jedenfalls lebten in diesem Gebäude, das also genauso aufgebaut war wie unseres, Gastarbeiter aus Spanien und Italien. Wir hatten mit denen nichts zu tun und die hatten mit uns nichts zu tun, was ja allein schon durch die Tatsache, dass man sich nicht gegenseitig verständigen konnte, begründet war. Zwischen diesen beiden Gebäuden, etwas versetzt und sozusagen von der Seite aus in die Mitte kommend, sodass alle drei Eingänge auf dem großen Platz mündeten, stand noch ein weiterer Bau, der genauso aussah wie die beiden anderen. Mich irritierte vollkommen, wer dort lebte, denn es waren sozial schwache Leute; so sagte man es damals: „Sozial schwache Leute". Dieser Bau unterschied sich insofern von unserem und dem Gastarbeiter-Bau, als dass dort den ganzen Tag über Mitarbeiter von der Kirche, dem Roten Kreuz und anderen Sozialeinrichtungen herumliefen. Dort lebten, das fand mein Vater mit der Zeit heraus, Menschen, die nicht ausreichend Geld hatten, um ihre Miete oder ihr Essen zu bezahlen; viele waren arbeitslos. Die Frauen, meistens Mütter mit Kindern, schliefen in Schlafsälen, oben in der ersten Etage, und die Männer, teils Väter und Söhne, schliefen im Keller. Meine Mutter achtete sehr penibel darauf, dass ich zu den Kindern aus diesem Gebäude keinen Kontakt aufnahm, weil sie nicht wollte, dass ich mit ihnen meine Freizeit verbrachte, da sie gesellschaftlicher Rand waren und meine Eltern nicht wollten, dass ich mich an ihnen orientieren würde. Sie misstrauten ihnen auch in puncto Diebstahl und Ehrlichkeit. Mir war es daher von meinen Eltern aus deutlich verboten, mit diesen Kindern zu spielen oder in dieses Gebäude zu gehen.

Ja, und wenn man aus unserem Gebäude hinaus und die Straße bergab ging, gab es noch ein viertes Gebäude, das wie unsere Bauten aussah, jedoch kleiner war. Mein Vater fand heraus, dass es sich bei diesem Gebäude um das ehemalige Offiziers-Haus handelte. In diesem Haus waren sogenannte „Aussiedler" untergebracht, also Menschen aus Polen und Russland, deren Vorfahren vor rund 250 Jahren dem Ruf der Zarin beziehungsweise des Zaren gefolgt und von

Deutschland – wo sie teilweise unter sehr armen Umständen leben mussten – nach Russland ausgewandert waren. Diese Menschen, die Nachfahren der damaligen Auswanderer, kehrten nun nach Deutschland zurück, weil ihr Leben im kommunistischen Russland sehr schwer war und sie dort immer noch als Ausländer betrachtet wurden. Die „Aussiedler" aus Polen waren Deutsche, die durch die Veränderungen der Grenzen im Rahmen der beiden Weltkriege Polen verlassen wollten oder verlassen mussten.

In Westdeutschland zeigte man diesen Ankömmlingen viel Mitgefühl, eben da sie unter den Kommunisten leiden mussten und die Nachkommen von Deutschen waren. Uns Deutschen aus der DDR begegnete man jedoch mit sehr viel Misstrauen, obwohl wir ja ebenfalls Deutsche waren. Aber gegen uns hegte man eben immer den Verdacht, dass wir Kommunisten wären und für die Stasi beziehungsweise im Auftrag der Stasi hier spionieren würden. Deshalb wurden wir „Ossis", wie man uns später nannte, mit Zurückhaltung und einer ordentlichen Portion Misstrauen behandelt. Bei uns entstand dadurch das Gefühl, die Aussiedler seien „echte Deutsche" und wir „Deutsche zweiter Klasse". Meine Eltern erhielten, weil sie bei den Befragungen zu ihren Fluchtgründen ehrliche Antworten gegeben hatten, sogar eine Vorladung bei der Polizei; auch weil mein Vater von seinen Problemen mit der Stasi in der DDR berichtet und diese nicht verschwiegen hatte. Dieses Misstrauen, diese Vorurteile und diesen Abstand bekam ich jahrelang, insbesondere während meiner Schulzeit, immer wieder zu spüren.

# HERR LANGMANN

Arbeitstechnisch tat sich schnell etwas, denn mein Vater hatte herausgefunden, dass die Chancen, eine Anstellung zu bekommen, stiegen, wenn man sich arbeitslos meldete. Also tat er dies und tatsächlich hatte er innerhalb kürzester Zeit mehrere Angebote, die er annehmen konnte. Zunächst arbeitete er bei der Schokoladen-Fabrik Wissoll, deren damaliger Sitz sich in Mühlheim an der Ruhr befand. Allerdings blieb er nur 14 Tage dort, ganz genau zwei Wochen, weil er sagte: „Das kann ich nicht, da gehe ich kaputt. Ich bin ein Bauer, kein Mann für eine große Halle mit Fließbändern und geschlossenen Fenstern." Ich weiß noch, wie er in dieser Zeit abnahm, weil er keinen Appetit mehr verspürte, da er den ganzen Tag Schokolade roch, wenn er am Fließband stand oder Geräte von einem Ort zum anderen trug. Er fand dafür eine Stelle bei einer kleinen Firma, bei der er als Landschaftsgärtner arbeiten konnte. Die Wirtschaft florierte und es wurden viele neue Wohnungsmöglichkeiten sowie Firmengelände errichtet. Mein Vater arbeitete sodann bei dieser Firma und kümmerte sich um die Grünflächen, die um die Neubauten herum gebaut wurden. Gärten, Vorgärten, Bäume, Grünstreifen: All das betreute er, indem er Gärten und Auffahrten anlegte, Bäume pflanzte, die Sträucher schnitt und das Gras mähte. Das bedeutete zwar körperlich harte Arbeit, aber er war zufrieden, weil er draußen schuftete, in gewisser Weise mit der Natur arbeitete, an der frischen Luft war und auch am Wochenende arbeiten konnte, wofür es mehr Lohn gab – das war wiederum gut für uns, weil meine Eltern dieses Extrageld fast ausschließlich zur Seite legen und sparen konnten. Natürlich kauften wir das Nötigste ein, um essen und leben zu können, aber der Großteil landete auf dem Sparkonto.

Meine Mutter suchte sich währenddessen zwei Putzstellen und kümmerte sich bei zwei alten Damen um deren Haushalt. Sie ging dreimal die Woche zu zwei alten Damen, die nebeneinander wohnten und deren Wohnungen sie sozusagen in einem Wisch bearbeitete: Sie kümmerte sich um die Wäsche, fegte, räumte; Putzfrau eben. Und die andere Stelle war bei einer Familie, die in einem großen Haus lebte: Der Mann war Lehrer und die Frau schwanger mit dem dritten Kind, weshalb sie auf Unterstützung im Haushalt angewiesen waren und meine Mutter als Putzfrau sehr gut gebrauchen konnten. Jeden Morgen ging meine Mutter also los, putzte an drei Tagen bei den alten Frauen sowie den anderen beiden Tagen bei der Familie, und kam mittags zurück. Zu diesem Zeitpunkt ahnte niemand, dass meine Mutter noch viele Jahre lang als Putzfrau für diese drei Parteien arbeiten würde ...

Mein Vater ging morgens aus dem Haus und kam am späten Nachmittag wieder, und uns ging es dadurch insofern gut, als dass wir Geld zum Leben hatten und Geld zur Seite legen konnten. Zum Monatsende ging meine Mutter in die Stadt und nutzte die sogenannten „weissen Wochen“, in deren Zeitraum es Verkaufsaktionen gab, um Besteck, Kaffeeservices, Handtücher, Bettwäsche und alles, das man als Grundausrüstung für den Haushalt brauchte, zu kaufen. So entstand ganz, ganz langsam ein kleiner Haushalt in unserem kleinen Zimmer. Und jeder, wirklich jeder Pfennig wurde gespart, weil sich meine Eltern zwei Dinge fest vorgenommen hatten. Erstens: Sobald sie eine vernünftige Wohnung angeboten bekommen würden, wollten sie in der Lage sein, diese annehmen zu können. Zweitens: Sie wollten so viel Geld zusammen haben, dass sie sich die Grundausrüstung für eine Wohnung – also für jeden ein Bett sowie einen Schrank, eine Kücheneinrichtung, eine Couchgarnitur, einen Tisch und ein paar Stühle – leisten könnten, denn diese Grundausrüstung musste man damals bar bezahlen. Das waren ihre beiden Ziele und dafür musste entsprechend gespart werden, denn eine Anzahlung, die unter Umständen einen Kredit oder sogar Schulden bedeutet hätte, kam für meine Eltern nicht in Frage, denn das widersprach ihrem Naturell. Es wurde so lange gespart, bis man diese Grundausrüstung sofort bezahlen und finanzieren konnte. Uns wurden Wohnungen angeboten, aber meine Eltern lehnten strikt ab, bis sie genug Geld für die Ausrüstung hatten.

Als Kind habe ich das natürlich anders wahrgenommen, denn diese Sicht der Dinge habe ich erst Jahre später gewonnen. In der damaligen Zeit war ich traurig, weil andere Kinder dies und das hatten, und ich nichts; nur das, was ich bereits in Lübeck hatte. Mit der Zeit, weil ich wuchs, bekam ich auch mal neue Kleidung, aber nur die billigste. Das lief so, dass meine Mutter zur Kleiderkammer, eine Art Second-Hand-Laden, wobei Third-Hand wohl zutreffender wäre, wo man sich Kleidung aussuchen konnte, die andere Leute nicht mehr benötigten, ging. Ich bekam eine Art Jogginghose, die hießen damals allerdings Plumphosen, eine Strickjacke, ein Kleid und noch ein paar andere Kleidungsstücke ...

Und dann, nach einigen Tagen, hatten meine Eltern einen Termin bei der Polizei, daran erinnere ich mich noch genau, zwar nicht an den Zeitpunkt, jedoch an den Termin. Die Ursache dafür lag darin, dass mein Vater als Fluchtgrund, als er sich in West-Berlin meldete, angegeben hatte, dass man ihn seitens der Partei im Osten versucht hatte, als Agenten zu gewinnen – das war die Geschichte mit Konrad Adenauer. Jedenfalls sollte er für die Stasi arbeiten und das wollte er nicht. Nun dachte die Polizei im Westen, dass er ein Stasi-Mitarbeiter wäre, eben weil er sein Parteibuch abgegeben hatte und in den Westen geflohen war. Die Polizei vermutete, dass er – übrigens nicht nur er, sondern das war ein Generalverdacht der West-Polizei, dass DDR-Flüchtlinge Agenten der Stasi sein könnten – spionieren würde und deswegen mussten meine Eltern zur Polizei. Wir saßen dort und speziell meine Mutter war mit der ganzen Situation vollkommen überfordert. Sie fühlte sich „wie eine Verbrecherin", denn mit der Behörde hatte sie selbst ja nie etwas zu tun gehabt im Osten. Mein Vater musste sich mit der Partei auseinandersetzen und hatte seine Schwierigkeiten mit den jeweiligen Verantwortlichen, aber meine Mutter kannte dieses Thema gar nicht richtig. Und ich saß dabei und habe nur fassungslos geschaut. Ich weiß noch ganz genau, deswegen erinnere ich dieses Gespräch auch noch so genau, dass ich in diesem Moment, als wir in Mühlheim an der Ruhr auf der Polizeiwache in einem Büro saßen, den Entschluss fasste, dass ich später einmal Polizistin werden wolle. Denn der Polizist, der uns vorgeladen hatte, und auch alle anderen damals auf der Wache, waren sehr unfreundlich zu uns; uns allen, die aus der DDR geflohen waren. Ich sagte mir damals: „Und wenn ich groß bin, dann werde ich Polizistin sein und ich werde mit den Menschen, die bei mir sitzen werden, fairer umgehen, weil ich nämlich weiß, wie es sein kann, dort zu sitzen und unfreundlich behandelt zu werden!“ Daran erinnere ich mich noch ganz genau. Ich saß auf einem Holzstuhl, konnte mit den Füßen den Boden nicht berühren, meine Mutter war unfassbar traurig und ihr liefen die Tränen über die Wangen, mein Vater stand dem Polizisten Rede und Antwort, aber keiner der Beamten war freundlich, sondern sehr vorwurfsvoll, ablehnend und kalt. Solch ein Verhalten hatte ich bis dahin immer nur mit der DDR verbunden, aber nicht mit dem Westen, denn dort sollte ja alles besser sein ...

Für mich selbst ging die Schule wieder los, aber diesmal unter ganz anderen Umständen als noch in Schönberg. Das fing damit an, dass ich nicht in die vierte Klasse kam, sondern erneut in die dritte musste. Damals war es im Westen nämlich so, dass das neue Schuljahr nach Ostern begann; man wechselte also die Klasse nach Ostern, während es in der DDR hingegen Usus war, dass man nach den Sommerferien versetzt wurde. Naja, in Schönberg war ich 1957 eingeschult, hatte also drei Schuljahre hinter mir, weshalb ich nun in die vierte Klasse hätte kommen sollen, jedoch war das aufgrund unserer Flucht und der unterschiedlichen Systeme nicht möglich. Da das Schuljahr bereits lief und ich zudem noch aus der DDR kam, musste ich wohl oder übel erneut die dritte Jahrgangsstufe besuchen, also sozusagen wiederholen. Für mich war das ein gemischtes Gefühl, denn ich war ein Kind, das sehr gerne zur Schule ging, weil ich dort etwas Neues lernen und meinen Wissenshunger, der wirklich groß war, stillen konnte. Gleichzeitig war es aber auch blöd, muss ich wirklich so sagen, nochmals die dritte Klasse absolvieren zu müssen.

Genaue Erinnerungen an meine Schule damals, wie sie aussah, wie die Anmeldung ablief und alles Weitere, habe ich nicht. Aber ich weiß, dass es die Schule am Muhrenkamp war. Und ich hatte große Probleme in Deutsch, weil ich von der Art und Weise, wie die Leute im Ruhrgebiet gesprochen haben, irritiert war. Ich kam ja nun aus Schönberg, Mecklenburg, über Lübeck nach Mühlheim an der Ruhr. Das bedeutete, dass ich zwar auch immer Hochdeutsch gelesen und gehört und gesprochen hatte, aber bis zu meiner Ankunft in Nordrhein-Westfalen fast alle Menschen um mich herum Plattdeutsch sprachen und Hochdeutsch mit norddeutschem Akzent. Und nun sprachen sie anders: Spatzen und spielen waren beispielsweise Worte, mit denen ich arge Schwierigkeiten hatte, da sie bei uns und in Lübeck *Spatzen* und *spielen* hießen, im Ruhrgebiet aber *Schpatzen* und *Schpielen* – rein von der Aussprache her. Das „Sp“ wurde bei uns als „Sp“ gesprochen, im Ruhrgebiet allerdings als „Schp“. Genauso schwierig fiel mit das *Vater* und *Mutter*, das nun *Vatta* und *Mutta* lautete. Als wir das erste Diktat in der Schule schrieben, hatte ich so viele Fehler, dass ich eine Fünf bekam – und ich war bis dahin eine gute Schülerin in Deutsch gewesen. Nach dem zweiten oder dritten Diktat, in denen sich meine Noten nicht wirklich verbesserten, suchte mein Lehrer Kontakt zu meiner Mutter und forderte sie auf, mir zu helfen, da ich augenscheinlich Schwierigkeiten mit der Sprache hätte. Wobei die Schwierigkeiten ja durch den Dialekt entstanden und gar nicht durch die Sprache, denn es war ja immer noch Deutsch. Jedenfalls ging es darum, dass ich verstehen musste, dass ein Wort immer noch gleich geschrieben würde, obwohl es unterschiedlich ausgesprochen würde. Ich habe die Worte nach unserer Flucht nämlich immer so geschrieben, wie man sie gesprochen hat. Da wir nicht mehr länger in der DDR lebten, sondern sozusagen in einem anderen Land, dachte ich, dass auch die Sprache anders sei und daher die Wörter anders geschrieben werden müssten ...

Ich mochte diesen Lehrer, Herrn Langmann. Er war ein älterer, sehr vornehmer Mann, der einen Krückstock nutzte, weil er entweder ein steifes Bein oder ein Holzbein hatte, das habe ich nie herausgefunden. Es war jedoch eine Folge des Zweiten Weltkrieges, indem er gekämpft hatte, wie ich eines Tages erfuhr. Damals war es ganz normal, dass Männer mit nur einem Arm, nur einem Bein, einer Augenklappe oder vielen Narben im Gesicht herumliefen oder im Rollstuhl saßen, denn es waren alles Zeichen beziehungsweise Folgen des Krieges. Heute ist das Gott sei Dank ja nicht mehr alltäglich, während es zur damaligen Zeit die Regel auf den Straßen war; da sah man, gefühlt zumindest, an jeder Straßenecke einen Kriegsversehrten. Und Herr Langmann war sehr korrekt und sehr bemüht in seiner Art. Sehr positiv habe ich ihn in Erinnerung und ein weiteres Zeichen dafür, dass er ein besonderer Charakter war, ist, dass ich keinen anderen Lehrer von damals erinnere – nur Herrn Langmann. Er hat sich für seine Schüler eingesetzt, engagiert und hat uns Chancen gegeben, vor allem auch mir als Flüchtlingskind aus der DDR. Positiv hat er mir zugesprochen, machte mir Mut und lobte mich häufig, wodurch ich mich viel wohler fühlte. Besonders meine Deutschnoten wandelten sich immer mehr zum Guten. Ich weiß noch, dass er mir eines Tages, weil ich eine sehr gute Arbeit geschrieben hatte, ein paar Glanzbilder schenkte. Glanzbilder, das kennt heutzutage wohl kaum noch jemand, waren Bögen, auf denen bunte Blumenmuster, Märchenfiguren oder Fantasiegestalten waren. Und wenn sie besonders toll waren, hatten sie noch Silberschnee auf der Oberfläche. Diese drei Dinge waren zu meiner Kindheit ganz groß angesagt: Diese Glanzbilder und die Autogrammkarten, von denen ich eine mit auf die Flucht genommen und mit der ich in Lübeck gespielt hatte, und Poesiealben. Herr Langmann hat mir – und auch anderen Schülern als Belohnung für gute Leistungen – immer mal wieder Bücher geschenkt, die in der Bücherei nicht mehr gebraucht wurden, wodurch ich lesen und mein Deutsch verbessern sowie lernen konnte. Über diese ausrangierten Werke habe ich mich natürlich unheimlich gefreut, weil ich einerseits gerne gelesen habe und andererseits ja nur zwei Bücher, die ich mit in den Westen genommen hatte, besaß. Für mich war es auch aus einem dritten Grund besonders, weil ich es nicht gewöhnt war, etwas geschenkt zu bekommen; schon mal gar nicht in Mühlheim an der Ruhr. Gleichzeitig war Herr Langmann als Lehrer zwar streng und distanziert, aber ich habe ihn durchweg positiv in Erinnerung. Er hatte ein großes Herz, das er aufgrund seiner Arbeit, denn Lehrer sollten uns damals ja streng, autoritär und mit harter Hand behandeln, nicht immer zeigen durfte. Ich weiß noch, wie er eines Tages den Unterricht unterbrach, um mit uns eine Sonnenfinsternis, die damals herrschte, zu verfolgen. Er zog den Vorhang, denn die damaligen Klassenräume hatten noch Vorhänge vor den Fenstern, zu und stellte jedes Kind einzeln ans Fenster, sodass jedes die Finsternis durch den Vorhang hindurch sehen konnte, weil das ungeschützte Schauen in die Sonne als schädlich galt.

Ansonsten habe ich an die Schule, zu der ich jeden Morgen mit meinem Tornister auf dem Rücken gerne gegangen bin, nicht mehr wirklich Erinnerungen. Es gab zwei Mädchen, ja, die waren so etwas wie Freundinnen und luden mich eines Tages ein, zu ihnen nach Hause zu kommen. Die eine stammte aus sehr reichen Verhältnissen, das wurde schon anhand ihrer Kleidung deutlich. Und diese Familie bot mir dann, als ich zu Besuch war, Spielzeug und Kleidung an; die wollten mir also Sachen schenken, die ich nicht besaß. Das war für mich eine so fremde, unbekannte und komische Situation, ich kann das nicht vergessen. Ich, das Kind aus Schönberg, sollte von denen Spielzeug und Kleidung geschenkt bekommen? Wie mir geschah, wusste ich gar nicht genau und so nahm ich die Sachen mit – keine gute Entscheidung. Denn meine Mutter hat mit mir geschimpft, als ich an diesem Nachmittag zurück in unser Zimmer kam, das war unvorstellbar. Das hätten wir ja wohl nicht nötig, dass wir Spenden annehmen müssten, schließlich seien wir keine Bettler. Wir seien arm und könnten uns nicht alles leisten, aber das sei doch kein Grund, dass wir nun auf Almosen angewiesen seien. Ja, meine Mutter war in ihrer Ehre zutiefst gekränkt wegen dieses Vorfalls. Allein schon die Tatsache, dass ich nach der Schule mit zu jemand anderes gegangen war und sie nichts davon wusste, war verwerflich. Heutzutage kann ich meine Mutter verstehen, denn nicht zu wissen, wo mein Kind bleibt, natürlich würde ich mir da auch Gedanken machen. Und nochmals: Ein Handy oder ein Telefon, um mal eben Zuhause Bescheid zu geben, gab es damals nicht ...

# DIE INSEL

Es gibt noch ein paar Dinge aus der Zeit in unserem Zimmer, in der ehemaligen Kaserne, die ich erinnere. Eines waren beispielsweise die Gemeinschaftsduschen und Gemeinschaftstoiletten. Für mich, wie so vieles, etwas ganz Neues und bis dato Unbekanntes: Der Duschraum war ein großer, ein wirklich großer Raum, der viele, kleine, offene Kabinen hatte, in denen man duschen konnte. Man nahm also sein Handtuch und legte es irgendwo ab, ging in seine Kabine und duschte, kam nass heraus und ging zu seinem Handtuch zurück, um sich abzutrocknen. Privatsphäre gab es dabei nicht wirklich, denn weder hatten die Kabinen Türen noch gab es Vorhänge. Wenn man an ihnen vorbeiging, konnte man problemlos hineinsehen und den Duschenden zuschauen. Und es gab Duschzeiten, also feste Zeitspannen, innerhalb derer man duschen durfte. Der Toilettenbereich war ebenfalls ein großer, langgezogener Raum. Im Eingangsbereich waren Handwaschbecken angebracht und wenn man durch ihn hindurchging, gelangte man zu den Kabinen. Das waren, naja, zehn bis 20 Toiletten, die nebeneinander beziehungsweise gegenüber aufgereiht auf einen warteten. Allein oder mit einer gewissen Privatsphäre auf die Toilette zu gehen, war in unserem Gebäude unmöglich. Getrennt waren lediglich die Geschlechter.

Im Keller gab es weitere große Räume, in denen man seine Wäsche waschen und in dem anderen diese aufhängen konnte. Wie beim Duschen gab es auch hier feste Zeiten, zu denen man waschen und trocknen durfte, damit es kein Durcheinander beziehungsweise keinen Engpass mit dem Platz gab.

Und dann gab es noch einen Ausflug: Eines Tages wurden wir Kinder, die in dem Haus lebten, entweder durch das Rote Kreuz oder die Stadtverwaltung organisiert, eingeladen, nach Sylt zu fahren. Unsere Eltern konnten uns für diese Reise anmelden, wenn sie es denn wollten. Da die Kosten von einem der beiden genannten Träger übernommen wurden, meldeten mich meine Eltern an. Also fuhren wir mit dem Zug nach Sylt, wo wir in einem Kinderheim wohnten und zum ersten Mal in meinem Leben sah ich eine Insel; auch noch in der Nordsee, Wahnsinn. Auf Sylt wurden wir von einem Reporterteam besucht und interviewt, weil nämlich – das habe ich Jahre später einmal erfahren – Wahlen waren. Reporter aus Mühlheim an der Ruhr kamen, interviewten uns, schrieben einen Bericht über die Fahrt und schossen Bilder, die teilweise in der Zeitung damals veröffentlicht wurden.

Das war so gesehen ein sehr schönes Erlebnis, allerdings wurde es überschattet von einem sehr ekelhaften Vorfall: Es wurde in diesem Kinderheim sehr viel Wert darauf gelegt, dass wir immer unsere Mahlzeiten aufaßen. Zusätzlich wurden wir in diesen Wochen regelmäßig gewogen, wodurch bewiesen werden sollte, dass wir gut versorgt und nicht hungern würden. Ob es geschmeckt hat oder nicht, spielte keine Rolle: Man musste alles aufessen! Und ein Junge, der war in meinem Alter, schwarze, kurze Haare, mochte sein Essen nicht und hat vor lauter Ekel auf seinen Teller gebrochen. Wir anderen Kinder saßen um ihn herum und konnten unseren Augen nicht glauben, als die Erzieherin zu ihm an den Platz kam, mit ihrer Hand nach seinem Löffel griff und ihm das Erbrochene in den Mund stopfte. Sie zwang ihn, sein eigenes Erbrochenes zu essen. Und das fand ich so unfair, so unmöglich, so deplatziert, dass mir rausrutschte: „Das ist ungerecht!“ Weil ich den Mund aufgemacht hatte und mich bereits zuvor – weil ich Mittagsschlaf halten sollte und dies überhaupt nicht wollte, geschweige denn brauchte – beschwert hatte, musste ich zur Strafe den nächsten Mittag auf dem Flur auf einer Holzbank schlafen. Diese Holzbank war so glatt, dass man kaum darauf liegen konnte, weil das Kissen hinunterrutschte und man selbst ebenfalls jederzeit davon zu rutschen drohte. Jedenfalls fand ich nicht zur Ruhe, kämpfte gegen meine Wut und Hilfslosigkeit sowie die glatte Oberfläche und die Erzieherinnen wurden dadurch noch saurer, weil sie dachten, dass ich sie provozieren wollte. Vor dieser Frau, dieser Erzieherin, hatte ich damals zwar Respekt, aber ich habe auch nicht eingesehen, dass ich den Mund halte und vor ihr kusche, weil ich dachte: „Hier ist das wie in der DDR: Man darf keine Widerworte geben!“ Und das wollte ich nicht mehr, dafür war ich einfach nicht der Typ. Am Strand mussten wir für die Presse marschieren und lachen und tanzen und spielen, damit man sah, dass dort eine heile Welt und ein Paradies für Kinder herrschte, was de facto hinter den Kulissen und wenn die Kameras aus waren, nun mal gar nicht der Fall war. Ja, das war unser Ausflug nach Sylt …

Das andere Mal, an dem ich aus dem Zimmer beziehungsweise dem Lager rauskam, war, als ich für ein paar Tage zu einem alten Ehepaar geschickt wurde. Sie nannten das damals „Kinder Land Verschickung“ – ein Überbleibsel aus der Nazizeit, als Kinder aus bombardierten Städten aufs Land verschickt wurden – und das muss man sich so vorstellen, dass die Eltern ihre Kinder für ein paar Tage gratis, also ohne die Kosten selbst tragen oder sich daran beteiligen zu müssen, abgeben konnten. Gleichzeitig war es eine Initiative, jedenfalls hat man das Ganze so bezeichnet und kommuniziert, um bei der Integration von DDR-Flüchtlingsfamilien zu helfen. Für mich ging es nach Moers, wo ich für eine Woche bei einem alten Ehepaar lebte, das sich ehrenamtlich für sieben Tage um mich kümmerte. Das war für mich eine etwas schwierige Situation, weil ich ja nie Großeltern erlebt hatte. Zwar hatte ich mir das immer gewünscht, mit Oma und Opa etwas zu unternehmen, aber alle waren bereits verstorben, als ich auf die Welt kam. Und da landete ich nun also bei einem, ich als Kind empfand es jedenfalls damals so, „uralten“ Ehepaar. Allerdings hatte ich zu ihnen ja überhaupt gar keine Beziehung und wenn du als Kind in einen fremden Haushalt, in eine fremde Stadt, in ein fremdes Land, in eine fremde Umwelt kommst, ist das ohnehin schon seltsam.

Dann sollst du auch noch dort ins Bett gehen und dort schlafen, wirst von der alten, fremden Frau dort ausgezogen und stehst nackt vor ihr, wenn du gebadet wirst: Das war alles schon sehr komisch und merkwürdig!

Aber ich muss betonen, dass sie unheimlich warmherzig, großzügig und freundlich waren. Sie fragten immer, ob ich noch Hunger hätte, ob ich noch etwas bräuchte, ob ich noch etwas wollte und boten mir immer noch etwas an, obwohl ich zufrieden war. Also, sie haben sich wirklich lieb um mich gekümmert, konnten mit mir jedoch nicht viel anfangen, weil sie schon so alt waren. Über die DDR wussten sie so gut wie nichts, über meine Vergangenheit erst recht nicht und wie sollte man dann auch innerhalb einer Woche ein tieferes Verhältnis zueinander aufbauen?!

Mir fiel auf, dass sie viel Geld hatten, denn die Möbel, an die erinnere ich mich noch genau, waren sehr edel. Ihr Haus besaß zwei Wohnzimmer und mehrere Schlafzimmer. Sie hatten eine Tochter, die bereits erwachsen war und selbst zwei Kinder hatte. Und diese Tochter war unheimlich lieb zu mir, behandelte mich fast schon wie eines ihrer eigenen Kinder und ging mit mir eines Tages in die Stadt, wo sie mir Unterwäsche und andere Kleidung kaufte. Außerdem schenkte sie mir ein paar aussortierte Sachen ihrer Kinder. Auslöser dafür war eine Unterredung an meinem ersten Abend, als wir zusammen am Tisch saßen und aßen. Ich erinnere mich noch genau: „Wie, du hast nur das?“, fragte sie überrascht, denn ich hatte ja nur meine Reisetasche und einen Beutel von meiner Mutter dabei, in denen all meine Kleidung steckte. Ich berichtete von unserer Flucht und den Umständen, unter denen wir lebten, wie ein Kind das nun mal tut. Daraufhin waren sie und ihre Eltern total schockiert. Am nächsten Morgen stand sie vor mir und kündigte euphorisch an: „Heute gehen wir in die Stadt und kaufen dir neue Kleidung!“ Meine Mutter hatte mich natürlich auch dieses Mal im Vorhinein gewarnt, dass ich ja still sein und alles, was man mir kaufen wollte, ablehnen sollte. Aber die Tochter war so euphorisch, dass sie mir gar nicht zuhörte. Das kann ich nicht vergessen, wie selbstverständlich sie mich packte und förmlich zum Einkaufen trug.

Diese Erfahrung in Moers war zwar schön und besonders, aber für mich war sie auch seltsam. Ich war bis dahin ja nie wirklich ohne meine Eltern gewesen und nun schon zum zweiten Mal, erst auf Sylt und dann in Moers. Deshalb war das für mich prägend und ich freute mich tatsächlich, zurück in dieses kleine Zimmer in unserer Kaserne zu kommen, weil dort eben meine Eltern waren. Heimweh wäre in diesem Zusammenhang mit Sicherheit das falsche Wort. Ich sehnte mich einfach nach meinen Eltern und vermisste sie, weil ich in diesem neuen Land, in dieser neuen Umwelt plötzlich ganz allein war. Im Lager kannte ich mich ja doch schon ein wenig aus und kannte ein paar Leute, ich hatte meine Abläufe und Rituale, deshalb freute ich mich auf die Rückkehr zu meinen Eltern. Trotzdem – erst recht im Nachhinein – war ich diesen netten Menschen sehr dankbar für ihre Gastfreundschaft und ihr großzügiges Verhalten.

# DIE PUPPE

Meine Mutter hielt seit jeher Kontakt zu ihrer Verwandtschaft, auch zu jener im Westen. Eine meiner Großtanten mütterlicherseits lebte in Cuxhaven und eine andere Großtante sowie ein Großonkel mütterlicherseits lebten in Hamburg. Zudem lebte in Hamburg auch noch eine Großcousine meiner Mutter, die ein Autogeschäft betrieb. Diese Verwandten waren es, die uns bis 1960 die berühmten DDR-Pakete nach Schönberg schickten. Das waren Päckchen, zum Beispiel alte Schuhkartons, in die sie Lebensmittel und Dinge aus dem Westen packten, so dass wir etwas aus dem Westen bekamen, an das wir sonst nicht hätten gelangen können. Den Kontakt zu dieser Cousine hielt meine Mutter auch nach unserer Flucht aufrecht, indem sie sich Briefe schrieben.

Eines Tages war meine Mutter unheimlich aufgeregt und hat mich angehalten, im Zimmer zu bleiben und nicht draußen spielen zu gehen, weil wir Besuch bekommen würden. Tatsächlich war dem auch so: Es klopfte an unserer Tür, denn eine Klingel gab es natürlich nicht, und zwei Frauen betraten das Zimmer; eine war sichtlich älter, noch ein paar Jahre älter als meine Mutter, und die andere war jünger sowie deutlich größer als die ältere. Die ältere Frau trug ein Kostüm und eine ganz streng nach hinten gekämmte Frisur, die Haare waren hinten eingerollt und hochgesteckt, typisch für die damalige Zeit. Die jüngere Frau hatte dunkle Haare, ungefähr schulterlang, und Locken, trug ebenfalls ein Kostüm. Beide sahen ganz vornehm aus. Ich lernte, dass es sich um Tante Marianne, die Cousine meiner Mutter, und ihre Tochter Anna handelte. Streng genommen, war dieser Besuch meiner Mutter wegen unserer Wohnumstände überaus peinlich. Aber da sie diese Cousine zuletzt kurz nach Kriegsende getroffen hatte, war die Freude auf das Wiedersehen stärker als ihre Scham.

Im Vorhinein hatte meine Mutter einen Kuchen gebacken und Kaffee gekocht, um den beiden etwas anbieten zu können, wenn sie uns denn schon besuchten. Es gab eine große, sehr große Gemeinschaftsküche auf jeder Etage, ähnlich zu der, die wir in Wesel hatten. Allerdings unterschied sich diese hier von der damaligen insofern, als dass hier sehr viele Herde und Kochplatten waren. Es konnten also viele Familien gleichzeitig in der Küche kochen. Diese Küchen waren früher wohl Essenssäle gewesen, wo die Soldaten aßen. Es gab mehrere Schränke mit Geschirr, Töpfen und Besteck. Und: Man musste sich lediglich mit einer anderen Familie absprechen, wann diese kochen wollte beziehungsweise den Platz in der Küche benötigte, da man sich einen Herd und eine Kochplatte mit nur einer anderen Familie teilte. Naja, Familie ist gut. Korrekterweise muss ich sagen, dass es die Frauen waren, die kochten. Wenn ich mit in der Küche war, habe ich dort jedenfalls immer nur Frauen gesehen.

Meine Mutter bat die beiden herein in unser Zimmer, wo sie Platz nahmen und sich fortan unterhielten. Sie redeten und redeten, mir kam das wie eine halbe Ewigkeit vor. Im Rahmen dieser Gespräche stellte sich heraus, dass sie aus Süddeutschland kamen, wo sie ein Auto abgeholt hatten, das sie nun mit nach Hamburg, wo sie lebten, nahmen. Da Mühlheim an der Ruhr mehr oder weniger auf dem Rückweg lag, entschlossen sie sich für einen Zwischenstopp und den Besuch bei uns. Anna hatte zwei Söhne, die ungefähr in meinem Alter waren, und fragte mich plötzlich: „Du, Karoline, hast du denn gar kein Spielzeug?“ Ich beschäftigte mich während des Gespräches mit Kuchenessen und Zuhören, aber eben nicht mit Spielen. Ich lief zu meinem Nachttisch und holte mein Spielzeug: Die Autogrammkarte, die Glanzbilder und die Dinge, ich weiß aber nicht mehr, was genau es war, die ich von den beiden Mädchen geschenkt bekommen hatte. Anna schaute sich alles an und verzog das Gesicht: „Hast du denn gar kein Kuscheltier?“

„Nein."

„Hast du gar keine Puppe?"

Da wurde ich etwas traurig: „Meine Puppe durfte ich nicht mitnehmen, die sitzt in Schönberg im Schrank."

Sofort gestikulierte meine Mutter, ich sollte still sein. Zugleich war ihr jedoch anzumerken, dass sie Mitleid empfand, eben weil wir meine Puppe, die ja mein Lieblingsspielzeug gewesen war, nicht mitnehmen hatten können.

Anna kündigte bestimmend an: „Tante Marie, ich fahre mit Karoline mal kurz in die Stadt!" Meine Mutter gab keine Widerworte, suchte jedoch Augenkontakt zu mir und als ich angezogen war, rief sie mich kurz zu sich, um mein Haar zu richten. Das war allerdings nur ein Vorwand, denn sie flüsterte mir ins Ohr: „Du wirst nicht betteln, vergiss das nicht!"

Selbstverständlich gab ich ihr nicht ein einziges Widerwort ...

Dann fuhren wir in die Stadt, wo mir Anna Unterwäsche und andere Kleidung kaufte. Und sie kaufte mir die Puppe, die heute in meinem Schlafzimmer sitzt. Diese Puppe schenkte sie mir damals. Wir standen in einem Spielzeugladen und Anna sagte: „Karoline, such' dir mal eine Puppe aus."

Wenn man im Schlaraffenland steht und nicht weiß, wo man anfangen soll; dieses Gefühl, das hatte ich in diesem Augenblick. Da steht man und soll sich *ein* Teil aussuchen, dabei ist jedes einzelne dieser gefühlt 3.000 Teile so wunderschön; speziell als kleines Mädchen, das einerseits nichts davon hat und andererseits noch nie viel davon besessen hat, denn das einzige Stück, das es je besaß, sitzt in Schönberg, in der DDR, unerreichbar weit entfernt. Und meine Mutter hatte, bevor Anna und Marianne zu uns kamen, deutlich befohlen: „Karoline, du sagst nichts! Karoline, es wird nicht gebettelt!" Daran hatte sie mich vor dem Verlassen des Zimmers ja nochmals erinnert.

Und nun stand Anna mit mir in dieser Puppenabteilung und forderte mich freundlich lächelnd auf: „Such dir mal eine aus!"

„Aber Tante Anna, die sind doch alle zu teuer. Da muss man doch so viel bezahlen, so viel Geld habe ich gar nicht. Und meine Mama wird böse sein.“

„Die sollst du auch nicht bezahlen“, erklärte sie beruhigend und zugleich lächelnd, fast schon aufmunternd. „Um Geld mach dir mal keine Gedanken. Und um deine Mutter auch nicht.“

Ich durchsuchte die Puppen und fühlte mich wirklich, wie der berüchtigte Esel vor den zwei – in diesem Fall eher 15 oder 20 – Heuhaufen, denn alle Puppen hatten etwas für sich. Ich entdeckte eine schöne Puppe und während ich sie ansah, fragte meine Tante: „Gefällt dir die? Möchtest du sie haben?“

„Nein, die darf ich nicht nehmen, da schimpft die Mama, denn die ist viel zu groß und viel zu teuer. Die darf ich nicht nehmen.“

„Aber du suchst dir eine aus“, stellte sie energisch klar.

Ich ging weiter und entdeckte eine Tragetasche, in der eine Puppe lag. Das war damals der neueste Schrei, dass die Puppen in diesen Taschen lagen. Es war weder eine sonderlich große noch sonderlich kleine Puppe, sondern für mich genau richtig. Bei dieser wusste ich sofort, dass es meine war. Ich griff nach ihr, hielt sie in meinen Händen und sah sie schweigend an. Tante Anna kam näher und fragte erfreut: „Na?“

Ich schaute der Puppe weiterhin tief in die Augen und sagte leise, jedoch entschlossen: „Die möchte ich gerne haben!“ Denn ich könnte diese überall hin mitnehmen, da sie nicht in einem Puppenwagen, sondern in einer Tragetasche lag.

„So eine kleine Püppi? Möchtest du nicht eine richtige, größere Puppe haben?“

„Nein, diese hier“, weiterhin sah ich der Puppe tief in die Augen.

„Sehr gut, dann nehmen wir diese“, freute sich meine Tante und ging mit mir zur Kasse, um sie mir zu kaufen ...

Auf der Rückfahrt erklärte ich meiner Tante, dass ich eine ganz ähnliche Puppe damals in Schönberg hatte und eben nicht mit auf die Flucht nehmen durfte. Allerdings unterschied sich die neue Puppe in einigen Punkten sehr von meiner alten: Die DDR-Puppe hatte einen Porzellankopf, der am Hals eingenäht wurde, und war aus Leinen gemacht, von innen mit Stroh gefüllt. Mehrfach fiel mir die Puppe beim Spielen herunter, wodurch der Kopf immer wieder abfiel oder sogar abbrach. Mein klassisches Weihnachtsgeschenk war dann ein neuer Kopf oder neue Kleidung für meine Puppe, die meine Mutter gestrickt hatte ... Und nun saß ich in einem Auto, im Westen, in Mühlheim an der Ruhr, weit weg von Schönberg und hielt eine neue Puppe, die nicht so leicht kaputt gehen konnte, weil sie aus Gummi beziehungsweise Hartgummi war, in meinen Händen. Die Haare konnte ich waschen und ein wenig bürsten, ohne dass sie ausfielen. Und bis heute konnte ich sie nicht wegschmeißen, weil sie mich immer erinnert hat und für mich so besonders war; deshalb steht sie auch noch in meinem Schlafzimmer.

Ja, so war das damals, als ich meine Puppe bekam. Das war ein ganz großes Erlebnis.

# DER BESUCH

Ein Jahr lang hatten wir in diesem Zimmer des Gebäudes in Mühlheim an der Ruhr gelebt, in dem meine Eltern einen ausreichenden Betrag angespart hatten und schließlich sagten: „Jetzt können wir uns nach einer richtigen Wohnung umschauen und hier ausziehen, ohne Schulden machen zu müssen!" Beide hatten ihre Arbeitsstellen und verdienten Geld. Dieses regelmäßige Einkommen erlaubte, dass sie nach einer neuen Bleibe suchen und wir das Zimmer verlassen konnten. Es dauerte nur wenige Wochen, bis mein Vater von der Arbeit zurück und lächelnd ins Zimmer kam, wo meine Mutter und ich bereits auf ihn warteten. Er berichtete uns, dass er das Angebot erhalten habe, eine Wohnung in einem Neubau beziehen zu können. Diesen Neubau, ein Sechs-Familien-Haus, hatte ein Ehepaar errichten lassen. Damals unterstützte der Staat Leute, die Wohnungen oder Häuser bauten und diese Flüchtlingen zur Verfügung stellten, finanziell. Eine Wohnung in diesem Haus bewohnten die Eheleute selbst und die anderen fünf vermieteten sie an Flüchtlinge, wie wir es waren. Für damalige Verhältnisse hat dieses Ehepaar dadurch eine ganze Menge Geld verdient, das kann man nicht anders sagen.

Wir bekamen eine Drei-Zimmer-Wohnung in der zweiten Etage, im Vorhinein hatten meine Eltern sehr viel gerechnet, um sicherzustellen, dass sie alles finanzieren könnten. Sie kauften eine Kücheneinrichtung, eine Kinderzimmereinrichtung – ein rotes Bett, einen Nachttisch und einen Schlafzimmerschrank, dazu kam noch mein Nachttisch, den meine Eltern im Zimmer gebaut hatten – für mich, eine Schlafzimmereinrichtung mit Kleiderschrank und Spiegelkommode für sich, eine Couch, einen Tisch, einen Schrank und einen

Ofen für das Wohnzimmer sowie Lampen und Gardinen für alle Zimmer; kein Radio, kein Telefon, keinen Fernseher. Und so sind wir eingezogen. In dieser Wohnung hatte ich sodann zum ersten Mal in meinem Leben ein eigenes Zimmer und ein eigenes Bett, denn früher, als wir in Schönberg wohnten, schlief ich ja zwischen meinen Eltern in deren Bett, weil wir keinen Platz für ein weiteres hatten. Für mich war dieser Umstand, nun ein eigenes Zimmer mit einem eigenen Bett zu haben, etwas ganz Besonderes und Großes!

Da wir nur über unsere Kleidung sowie den kleinen Haushalt, den meine Eltern von ihrem Verdienst während unserer Zeit in dem „Lager" angeschafft hatten, verfügten, zogen wir nach und nach um. Als meine Eltern den Schlüssel für unsere neue Wohnung bekamen, brachten sie nach und nach alles mittels der Einkaufstasche, der Reisetasche, dem Koffer sowie einiger Kartons per Bus und Straßenbahn in unsere neue Wohnung. Ein klassischer Umzug, in dessen Rahmen man an einem Tag mit Sack und Pack umzieht, war es keineswegs. Die neuen Möbel, die meine Eltern kauften, wurden direkt zu unserer neuen Wohnung geliefert.

Ein Erlebnis, das sich ereignete, als wir frisch eingezogen waren, werde ich jedoch nicht vergessen. Wir hatten ja eine befreundete Familie in Schönberg, von der ich bereits an anderer Stelle berichtet habe, die meine Eltern im Vorhinein der Flucht unterstützte sowie gegebenenfalls danach, hätte etwas nicht funktioniert, geholfen hätte. Dieses alte Ehepaar hatte einen erwachsenen Sohn, der Frau und Zwillinge, ein Mädchen und einen Jungen, hatte, und eine erwachsene Tochter, die ebenfalls verheiratet war und einen Sohn hatte. Die Tochter ließ sich jedoch von ihrem Mann scheiden. Ein Tabuthema, weswegen ich es erst viele Jahre später von meinen Eltern erfuhr.

Marta, so hieß die Tochter, und meine Eltern standen in einem regen Kontakt zueinander, der auch nach unserer Flucht nicht abbrach. Sie schickten sich Briefe, immer wieder Briefe. Und eben zu diesem Zeitpunkt, als wir im Sommer 1961 gerade frisch umgezogen waren, kam uns Tante Marta mit ihrem Sohn besuchen. Direkt aus Schönberg waren sie zu uns gekommen, um 14 Tage zu bleiben, ehe sie wieder zurück in die DDR mussten. Und ich weiß noch ganz genau, wie mein Vater ihr während dieser Tage immer wieder mahnend riet: „Mensch, deine Eltern haben hier im Westen doch ein Haus, in dem du in einer Wohnung leben könntest. Die andere Wohnung ist vermietet, so dass du direkt eine Einnahme hättest. Arbeit findet man hier sowieso immer, schau uns an. Bleib hier mit deinem Jungen. Du bist geschieden, deine Eltern werden ohne dich klarkommen, denn sie sind nicht ganz allein in Schönberg, und dein Junge ist hier, den kann dir hier keiner wegnehmen."

„Ne ne", antwortete Tante Marta, „ich kann doch meine Eltern nicht allein lassen, das würden die doch nie begreifen. Und überhaupt: Das werden *die* doch nicht machen, dass man gar nicht mehr reisen darf."

Mein Vater sagte mit jedem Tag hartnäckiger: „Ich kann dich nur warnen, irgendwann machen die dicht." Und dann schob er, diesen Satz aus seinem Mund habe ich noch ganz genau in meinen Ohren und später selbst immer wieder zitiert, höchst mahnend nach: „Die bauen eine Mauer!" Ich habe diesen Spruch – mein Vater hat ihn immer und immer wieder gesagt, weil er die Situation genaustens verfolgte und bemerkte, dass die Anzahl der Flüchtlinge, die die DDR verließen, immer höher und heftiger wurden – aus seinem Mund nie vergessen können ...

Jedenfalls war nun Tante Marta mit ihrem Sohn zu Gast und er warnte sie jeden Tag davor, in die DDR zurückzugehen: „Irgendwann machen die die Grenzen dicht und lassen keinen mehr rein oder raus. Und dann kommst du nicht mehr hierher, kannst uns nicht mehr besuchen, vertrau' meinen Worten. Die bauen eine Mauer!"

Tante Marta blieb allerdings stur: „Ich kann das nicht", erklärte sie und gab sich immer wieder ungläubig: „Wie stellst du dir das überhaupt vor, Alwin? Die können doch keine Mauer bauen, das ist doch viel zu aufwändig."

Als wir sie am letzten Tag zum Bahnhof brachten und verabschiedeten, sie in den Zug stiegen und wir ihnen nachwinkten, weinte ihr Sohn, der Gerd, wie ein Schlosshund. Er hatte sich zuvor an das Bein meines Vaters geklammert, weil er partout nicht in den Zug steigen und zurück in die DDR wollte. Gerd rief: „Onkel Alwin, ich will hierbleiben. Ich will bei dir bleiben." Dieses Bild habe ich nicht vergessen, wie er weinte und schrie: „Sag meiner Mama, dass wir nicht zurückfahren sollen. Sag ihr, dass wir hierbleiben sollen. Onkel Alwin, bitte!"

Tante Marta zeigte sich jedoch unbeeindruckt und uneinsichtig. Ich hatte sogar das Gefühl, wenn ich nun zurückblicke, dass sie sich immer stärker abschottete, je mehr mein Vater sie aufforderte, nicht zurück in die DDR zu fahren. „Ne, wir fahren zurück. Das wird schon alles nicht so schlimm werden und eine Mauer wird es ohnehin nicht geben." Sie zerrte Gerd, der war damals zehn Jahre alt, in den Wagon.

Mein Vater schüttelte, als der Zug anfuhr, mit dem Kopf und sagte: „Ich weiß nicht, ob wir sie wiedersehen werden."

Zwei oder drei Wochen später, am 13. August 1961, begann die Führung der DDR mit dem Bau der Mauer. Mein Vater, als er diese Nachricht in der Zeitung las, schlug mit der flachen Hand auf den Esstisch bei uns in der Wohnung und fluchte: „Habe ich es euch nicht die ganze Zeit gesagt? Habe ich euch nicht die ganze Zeit gewarnt? Die bauen eine Mauer! Die machen alles dicht, jetzt kommt keiner mehr rein und keiner mehr raus. Ich habe es euch doch gesagt!" Ja, das hatte er. Und er hatte Recht behalten ...

In den folgenden Wochen, Monaten und Jahren erreichten uns immer wieder Briefe von Tante Marta, in denen sie über ihr Unglück und ihre Trauer schrieb. Sie berichtete, dass sie es bedauere, nicht auf meinen Vater gehört zu haben und sich nicht anders entschieden zu haben. Ihre Briefe waren fast immer von Tränen, jedenfalls war es irgendeine klare Flüssigkeit, verschmiert. Und meine Eltern regten sich jedes Mal, wenn ein solcher Klagebrief eintraf, auf: „Jetzt heult die mir die Ohren voll", sagte meine Mutter oft. „Du hast sie so energisch gewarnt, jeden Tag hast du sie gewarnt. Sie hätte hier, im Westen, ein besseres Leben als wir führen können. Sie hätte eine Wohnung im eigenen Haus gehabt, aber sie wollte ja einfach nicht auf dich hören. Was will sie denn jetzt von uns? Was sollen wir denn *jetzt* für sie tun?"

Hinzufügen möchte ich zu dieser Thematik noch: In den 1980er Jahren, als mein Vater bereits verstorben und meine Mutter in einer kleinen Wohnung in Mühlheim an der Ruhr wohnte, besuchte Tante Marta sie, denn das Reisen für DDR-Bürger war zu diesem Zeitpunkt unter bestimmten Voraussetzungen gestattet. Das Pikante an diesem Treffen war, dass ihr Sohn, der Gerd, eine Frau geheiratet hatte, deren Eltern beide bei der Stasi gearbeitet haben sollen. Tante Marta war unbeschreiblich sauer darüber und noch immer traurig und verletzt, ja sie war verbittert, weil sie damals diesen Fehler, nicht im Westen geblieben zu sein, begangen und meinem Vater nicht vertraut hatte ...

# DIE NACHBARN

Das Leben in unserer neuen Wohnung war für mich ein weiterer Kulturschock. Einerseits aufgrund der baulichen Rahmenbedingungen, also mehr Platz, ein eigenes Bett und ein eigenes Zimmer, ein richtiges Badezimmer und nicht mehr das regelmäßige Teilen mit anderen Familien. Das war schon ein Erlebnis für mich damals, eine unglaubliche Erfahrung: Zum ersten Mal in meinem Leben wohnte ich in einer, für mich, großen Wohnung in einem Neubau mit Flur, Küche, Badezimmer, Wohnzimmer mit Balkon, einem Schlafzimmer für meine Eltern und meinem Zimmer – welch ein Reichtum! Unvorstellbar!

Aus heutiger Sicht muss ich relativieren: Der Balkon war kein wirklich schöner Balkon, wie man sich ihn nun vorstellen würde. Es war lediglich ein kleiner Bereich, auf den man sich stellen konnte und durch den man Luft in die Wohnung lassen konnte. Auf dem Balkon etwas aufzustellen, beispielsweise einen Stuhl oder einen Tisch, war unmöglich, denn dafür war er viel zu klein. Es war lediglich ein kleiner Anbau, auf den man sich stellen konnte. Stand man dort, sah man alte, aber schöne Häuser, in denen zwei bis drei Parteien wohnten, die von uns durch eine Straße getrennt wurden. Hinter diesen Häusern verliefen die Eisenbahnschienen für die Strecke von Mühlheim an der Ruhr nach Duisburg und eine andere, die tiefer ins Ruhrgebiet führte; dementsprechend herrschte ein reger Zugverkehr. Hinten heraus blickten wir auf eine wilde Landschaft, in der zweimal im Jahr, zu Ostern und im Herbst, eine große Kirmes aufgebaut wurde, die man durch das Küchen- und Schlafzimmerfenster gut beobachten konnte.

Aus dem Badezimmer konnte man kaum herausschauen, denn das Fenster war zweiflügelig genau über der Badewanne angebracht, sodass man in dieser stehen musste, um durch das Fenster hinausschauen zu können – und das tat man eher nicht. Über der Wanne war ein riesiger Boiler installiert, den man mit Wasser füllen und anschließend warten musste, damit dieses warm wurde; dafür sorgte ja der Boiler. Das Problem war gleichzeitig nur, dass meine Eltern immer so lüfteten, dass das Fenster im Bad auf Kipp stand, den gesamten Tag und meistens auch noch nachts. Dadurch war das Badezimmer im Herbst und Winter immer kalt, was ich nie verstanden habe, denn wenn man ein Badezimmer hat, dann sollte es doch auch warm sein?! „DDR-Lüften“ nenne ich das heute noch, weil es einfach typisch für Menschen in beziehungsweise aus der DDR war, so zu lüften. Beschweren möchte ich mich aber keineswegs, denn es war für uns purer Luxus im Vergleich zur Waschsituation in Schönberg, in Wesel und unserer ersten Station in Mühlheim. Der wärmste Ort in der Wohnung war immer die Küche, da dort sowohl ein Kohleofen, der zum Wärmen und Trocknen diente, als auch ein Elektroherd, den meine Mutter zum Kochen nutzte, standen. Den Kohleofen sortierten meine Eltern im Laufe der Zeit irgendwann aus ...

Und andererseits bedeutete dieses neue Leben wegen der Nachbarschaft einen Kulturschock, denn für mich waren die sozialen Kontakte, die sich nun ergaben, völlig neu und unbekannt. Die Menschen, die nun mit uns in einem Haus lebten, waren nämlich völlig anders als jene, die ich durch unsere Zeit in Schönberg, aus dem kleinbäuerlichen Leben in der DDR, kannte.

Gegenüber von uns lebte in der zweiten Etage eine Familie, die ebenfalls aus der DDR kam, woher genau weiß ich nicht mehr. Es handelte sich um Vater und Mutter, die zwei Töchter, die studierten, hatten. Und diese Familie gab sich sehr vornehm, sprach akzentfreies Hochdeutsch, blickte so ein bisschen auf uns herab – übrigens auch alle anderen Bewohner des Hauses außer den Vermietern – und bemühte sich immer um Stil sowie eine gewisse Arroganz. Gerade eben grüßten sie uns mit einem kurzen, nüchternen „Guten Tag“, aber das war es dann auch. Eine Unterhaltung kam nie zu Stande, weil es von ihrer

Seite aus auch keinerlei Interesse oder Zeichen dafür gab. Ein solches Verhalten, „abgehoben" oder schlicht „arrogant" würde man es heute nennen, war ich aus Schönberg – und auch nicht aus Wesel oder der Kaserne in Mühlheim an der Ruhr – nicht gewohnt. Unter uns wohnte ein Ehepaar, an das ich jedoch keinerlei weitere Erinnerungen habe. Ihnen gegenüber lebte eine Familie: Die Mutter war unheimlich schmal und der Vater war unheimlich dick, fast schon fett. Sie hatten einen Sohn und eine Tochter, zu denen ich jedoch kaum Kontakt hatte. Die Mutter war äußerst zurückhaltend und dauerhaft auf Achse. Mein Vater scherzte immer, dass sie „im Dauereinsatz und immer auf Trapp und deshalb so dünn" wäre. Ihr Mann war ein komischer Kerl, mein Vater nannte ihn „Großkotz", weil er schlaue und lange Reden hielt, seinen Worten jedoch nie Taten folgen ließ; einfach ein unangenehmer Mensch. Irgendwann war die Familie weg, von dem Auszug hatten wir nichts mitbekommen, das muss alles an einem Tag und sehr schnell gegangen sein. Später hörten wir, dass der Vater Ärger mit der Polizei und der Justiz gehabt hätte, weil er in dem Betrieb, in dem er damals arbeitete, Geld unterschlagen hätte. Mehr weiß ich dazu nicht, denn sie waren mit einem Tag spurlos verschwunden ...

Die Vermieter lebten im Erdgeschoss, er arbeitete im Büro einer großen Firma, ich glaube, als Buchhalter. Zum ersten Mal kam ich mit diesem Beruf in Berührung und hatte sofort ein Bild fürs Leben vor meinen Augen: Er ging immer steif, hatte meist eine kleine Aktentasche dabei, schaute irgendwie immer sehr skeptisch auf alles und jeden, war sehr pingelig und alle mussten nach seiner Pfeife tanzen. Seine Frau ging nicht arbeiten, sondern kümmerte sich um den Haushalt und den Sohn, wie es damals eben üblich und ganz normal war. Wie sich später, nach einigen Jahren, herausstellte, war sie todunglücklich mit ihrem Leben, weil sie gerne arbeiten gegangen wäre, aber seitens des Mannes nicht durfte. Sie verfiel dem Alkohol und wurde abhängig – traurig.

Das Schärfste war jedoch die andere Wohnung im Erdgeschoss: Sie wurde von einem Ehepaar aus Sachsen bewohnt, wodurch ich wieder sächsische Laute hörte, wie schon in unserem Zimmer in der Kaserne. „Ei, verbibscht nochmal!" Da ging die Post ab, ich sag's dir! Solche Leute hatte ich noch nie zuvor erlebt und ich kam aus dem Staunen gar nicht mehr raus! Sie hatten eine Tochter, die Brigitte, wobei sie immer „Brigidde" sagten, und einen kleinen Sohn, den Günther, wobei er „Gündder" gerufen wurde, sowie einen älteren Sohn, dessen Namen ich jedoch nicht mehr parat habe. Den Älteren erinnere ich trotzdem noch sehr genau, weil er sich, während unserer gemeinsamen Zeit in diesem Haus, zwei Mal gegen den Vater gewehrt hat. Grund dafür war, dass der Vater, aus heutiger Sicht betrachtet, ein Typ aus der Kategorie „kriminelles Rotlicht" war. Er war ein ganz starker Kerl, kräftig, laut und sehr impulsiv. Wenn der seine Kommandos gegenüber der Frau oder den Kindern abgab, da wackelten die Wände. Er brüllte viel, wirklich sehr viel und sehr laut; insbesondere freitags. Als er von der Arbeit – wenn er denn arbeitete, weil manchmal hatte man das Gefühl, dass er gar nicht arbeiten ging – nach Hause kam, ging da unten dermaßen die Post ab, das kann ich gar nicht richtig schildern. Entweder ist er allein oder manchmal mit seiner Frau gemeinsam in die Kneipe und hat dort seinen gesamten Lohn versoffen, anders kann man das nicht nennen. Anfangs ist sie nicht mitgekommen, aber je länger das ging, und es war jeden Freitagnachmittag soweit, desto eher und öfter kam sie auch mit, um in der Kneipe die, ich sage jetzt mal, halbe Monatsmiete zu versaufen. Nicht selten blieb er über Nacht in der Kneipe und kam erst am nächsten Morgen zurück, wackelnd, torkelnd, im Rausch eben. Wenn er abends oder nachts zurückkam, wofür später vor allem auch sie verantwortlich war, denn sie stützte ihn dann heim, ging es in der Wohnung erst mal richtig los: Beschimpfungen, Streit, Diskussionen, Geschrei, Handgreiflichkeiten, des Öfteren flogen auch Gegenstände durch die Wohnung und gingen dann kaputt oder zerbrachen. Uns weckte das manchmal auf und das war so laut, dass du fast jedes Wort verstanden hast. Dieses Verhalten führte, wirtschaftlich betrachtet, dazu, dass irgendwann kein Geld mehr da war und sie ihre Miete nicht bezahlen konnten, weil Zigaretten und Alkohol wichtiger waren als die Miete. Im Rahmen dieser Auseinandersetzungen, die mit der Zeit immer heftiger wurden, bot der älteste Sohn seinem Vater eben zwei Mal – also diese beiden Male haben wir es mitbekommen – die Stirn. Es kam zu Handgreiflichkeiten und Prügeleien, körperlicher Gewalt eben. Die Folge war, dass der Älteste, der damals schon arbeitete und nicht mehr zur Schule ging, nach einiger Zeit auszog. Der Günther und die Brigitte mussten jedoch bleiben, weil sie noch zu jung waren, um wegziehen zu können. Und manchmal traf ich sie im Treppenhaus, wenn ich zum Spielen raus wollte oder mit meinen Eltern wegging, wo sie sich vor ihrem Vater versteckten beziehungsweise in Deckung gingen. Wenn der Vater nämlich so richtig den Kaffee auf hatte, dann flogen nicht mehr nur Marmeladengläser an die Wände, die die Mutter anschließend abwaschen und säubern musste, sondern dann wurden Stühle und Fenster zerschlagen sowie die Kinder und die Mutter durchgeprügelt. Schlimm war das, wirklich.

Ich hatte in meinem Leben bis zu diesem Zeitpunkt wirklich manche Dinge gesehen, aber solch eine Gewalt, solch eine Hilflosigkeit, solch ein Ausgeliefertsein, solche eine Unkontrollierbarkeit war mir neu. Ich war richtig geschockt. Aber damals war man so verklemmt, dass man nicht die Polizei rief, wenn man das hörte oder mitbekam. Schon gar nicht ist man dazwischen gegangen, weil man sehr wahrscheinlich nur selbst etwas abbekommen hätte. Das war damals nicht Usus, dass man sich in solche Familienangelegenheiten einmischte, und ein Tabuthema. Heute ist es ja leider auch nicht immer der Fall, dass andere Leute, die so etwas mitbekommen, etwas unternehmen ...

Jedenfalls waren diese Verhältnisse unglaublich. Sie, die Mutter, lief immer wieder mit einem blauen Auge oder einer blutigen Stelle im Gesicht herum, die Lippen dick, blaue Flecken hier und blaue Flecken dort – sie wäre „gefallen“. Es war offenkundig, was da abging, und handelte sich um unhaltbare Zustände. Die hatten sich zwar mit Möbeln eingerichtet und die Wohnung schön bezogen, allerdings anscheinend genau das getan, was meine Eltern unbedingt vermeiden wollten, nämlich einen Kredit aufnehmen zu müssen für die Möbel. Da das ganze Geld jedoch in den Alkohol und die Zigaretten sowie in der Kneipe investiert wurde, hatten sie irgendwann ernstzunehmende Schwierigkeiten, ihre Raten für die Möbel und ihre Miete für die Wohnung zurückzuzahlen. Im Laufe der Zeit kam des Öfteren ein Mann zu ihnen, wie sich später herausstellte, handelte es sich dabei um den Gerichtsvollzieher, und pfändete. Plötzlich klebte der Kuckuck auf einigen Möbeln und Gegenständen, wie sie laut im Treppenhaus mitteilten und worüber sie sich mit wütendem Geschrei und ordentlichem Getöse aufregten. Der Vater kommentierte zugleich jedoch immer wieder gleichgültig: „Gut, dann drückt der Schuh an dieser Stelle nicht mehr." Gemeint war, dass dieses Stück, das einen Kuckuck trug, nun nicht mehr von ihrer Seite aus abbezahlt werden müsste.

Bei denen ging es einfach zu wie bei Hempels unter'm Sofa. Da geschahen Dinge, die hatte ich noch nie gesehen: Beispielsweise wurde nie aufgeräumt und der Hamster lief frei in der Wohnung herum. Eines Tages hatte ich mir ein Buch bei ihnen geliehen, das war ein Western-Roman, mein erster, den ich je gelesen habe. Zwölf Mal habe ich den gelesen, weil ich diese Geschichte so toll fand. Allerdings: Jedes Mal, wenn ich es mir wieder auslieh, hatte es sich verändert, weil der Hamster es angefressen hatte. Der lief ja frei durch die Wohnung, hatte Hunger und knabberte eben an den Büchern. Das war ein Anblick, wenn ich in die Wohnung kam, um mir das Buch auszuleihen, unvorstellbar – ein Durcheinander, eine Unordnung, heute würde ich sagen: „Ein Saustall!" Eines Tages war diese Familie sozusagen über Nacht verschwunden: Die Wohnung war geräumt, keine Spur mehr von ihnen, sie waren einfach weg. Wohin sie gezogen waren, weiß ich nicht …

Irgendwann wurde mir deutlich – auch aufgrund der Tatsache, dass wir das letzte Haus an unserer Straße waren: Ein gewisser, deutlicher Abstand zu den anderen Häusern existierte; nach uns folgte ein kleines Brachland; unser Haus zwischen der Stadt und dem Industriegebiet, das durch die vielen Baracken, in denen die richtig Armen lebten, einen ganz speziellen Charakter erhielt, stand – dass wir, örtlich und von unserer Nachbarschaft betrachtet, am Rande der Gesellschaft lebten. Wir waren nicht ganz unten, denn das waren die Barackenbewohner, aber wir gehörten auch nicht zur Mitte, die weiter vorne und auf der anderen Seite der Straße lebte. Wir waren der gesellschaftliche Rand. Und dazu passte, was in unserem Haus geschah, ganz genau. Genau hinter unserem Haus fiel die Straße deutlich ab, denn es ging einen steilen Berg hinunter, und sie führte zu den Baracken. In die andere Richtung führte sie zu der Mittelschicht, wenn man so möchte. Und jetzt, wenn ich zurückblicke, muss ich sagen, dass ich das sehr passend finde, da es unsere Lage einfach perfekt widerspiegelte. Wir lebten am Rand.

# DER VATER

Durch den Umzug musste ich auch die Schule wechseln, da der Weg zu meiner alten Schule, in die ich während unserem ersten Jahr in Mühlheim an der Ruhr ging, viel zu weit war, weil wir ja jetzt in einer völlig anderen Ecke der Stadt lebten. Ich kam also auf eine Volksschule bei uns in der Nähe, denn Grundschulen gab es bei uns damals nicht; man ging acht Jahre zur Volksschule und konnte, wenn man gute Noten hatte und eine spezielle Prüfung bestand, entweder in die Mittel-Schule oder auf das Gymnasium wechseln. Mein neuer Schulweg war dafür sehr angenehm, da er recht kurz, nur knapp zehn Minuten, war. Viele Kinder aus meiner Umgebung hatten morgens und mittags denselben Weg, wodurch ich nie allein unterwegs war. Das soll nicht bedeuten, dass ich wirklich Gesellschaft hatte und mich auf dem Weg zur Schule beziehungsweise zurück nach Hause mit vielen Kindern unterhalten konnte; denn ich war ja weiterhin die Außenseiterin aus der DDR. Allerdings war es schön, dass ich nie allein auf der Straße unterwegs und sozusagen immer etwas los war.

Die einzigen Kinder, die von Tag 1 an interessiert an mir waren, waren die Zigeunerkinder aus der Barackensiedlung, da sie selbst nämlich krasse – man kann das nicht anders nennen – Außenseiter waren. Niemand wollte mit ihnen sprechen, niemand wollte neben ihnen sitzen, niemand wollte sie als Partner haben, das war schon komisch, denn ich wusste überhaupt nichts über sie. Für mich waren alle Kinder in erster Linie eben Kinder und ich nahm sie, wie sie waren. Das änderte sich erst in dem Moment, in dem ich schlechte Erfahrungen mit jemandem sammelte. Dann erst veränderte sich meine Haltung, so tickte ich.

Jedenfalls war mir damals über Zigeuner nur sehr wenig bekannt: In der DDR hatte es zwar auch Zigeuner gegeben, allerdings wohnten diese damals in Holz- oder Planwagen, mit denen sie durch das Land fuhren, um mal hier und mal dort zu leben und zu arbeiten, um auf diese Weise ihr Geld zu verdienen. Bunte Kleider, Ohrringe, schwarze Haare, zottelige Pferde und diese Planwagen waren die auffälligsten Merkmale damals. Sie lebten wie Nomaden und arbeiteten im handwerklichen Bereich, beispielsweise als Scherenschleifer. Ich fand das immer wahnsinnig interessant, dass sie in ihren Wagen wohnten und durch die Gegend zogen. Meine Mutter wollte jedoch um jeden Preis verhindern, dass ich mit ihnen in Kontakt geriet und holte mich, wenn die Zigeuner bei uns in Schönberg Halt machten oder zum Arbeiten da waren, in die Wohnung. „Die möchten zu uns gehören, aber die sind bekannt, dass sie blonde Mädchen stehlen wollen, damit ihre Kinder irgendwann nicht mehr aussehen, wie sie jetzt aussehen", mahnte sie mit gehobenem Zeigefinger.

Und jetzt in Mühlheim hatte ich also zum ersten Mal direkten Kontakt zu Zigeunern, wenn auch nur zu den Kindern. Einfach im Umgang waren die nicht, weil sie einerseits von jedem abgelehnt wurden und andererseits sich selbst abgrenzten, indem sie ihre eigene Sprache sprachen und sich nicht richtig für andere beziehungsweise Anderes interessierten. Ich war allerdings auch die Neue und die Außenseiterin, mit der niemand wirklich etwas zu tun haben wollte, denn ich kam schließlich aus der DDR, aus der Ostzone, aus dem unbedeutenden Schönberg, das sowieso niemand kannte. Als meine Mutter erfuhr, dass ich mich ab und zu mit den Zigeunerkindern unterhielt, das war bereits am ersten oder zweiten Schultag, intervenierte sie umgehend! Sie verbot mir jedweden Kontakt. So ergab es sich, dass ich keinen intensiveren Austausch mit ihnen erlebte, wobei ich sagen muss, dass die Tatsache, wie sie sich verhielten und wie sie sich selbst ausgrenzten und abkapselten, von allein dafür gesorgt hätte, dass ich nicht mehr mit ihnen zu tun hatte beziehungsweise gehabt hätte.

Naja, in der Klasse wurde ich vorgestellt, dass ich die Neue aus der DDR sei – und mit mir wollte eben erst mal kein Kind etwas zu tun haben. Ich hatte wirklich keinerlei Kontakt zu den anderen Schülern, bis nach einiger Zeit ein Mädchen begann, mit mir zu sprechen. Sie lebte mit ihrer Mutter und ihrer Oma zusammen, war wirklich eine ganz Liebe. Ihr Vater war angeblich im Krieg gefallen beziehungsweise nicht wieder nach Hause zurückgekehrt, so hieß es seitens ihrer Mutter und Großmutter. Irgendwann habe ich jedoch länger über diese Aussage nachgedacht und begriff, dass dies gar nicht stimmen konnte, da sie genauso alt wie ich war und der Krieg endete bereits 1945. Der wahre Hintergrund war, dass es sich um ein Tabuthema handelte, nämlich um ein uneheliches Kind. Da wurde natürlich nicht drüber gesprochen, weil es verpönt und unanständig war, so jedenfalls dachte damals unsere Gesellschaft. Dieses Mädchen war sehr schüchtern und verklemmt, aber mir gegenüber sehr lieb. Sie besuchte mich, als erstes Kind, in unserer Wohnung, was meinen Eltern übrigens nicht gefiel, da sie nicht wollten, dass fremde Kinder zu uns nach Hause kamen. Das war ihnen unangenehm, weil sie kritisch sowie misstrauisch waren und man ja nicht wusste, ob die Kinder vielleicht nur geschickt wurden, um Informationen über uns zu sammeln. Ja, solche Gedanken waren damals die Regel ...

Die anderen Kinder, die mit mir zur Schule gingen, lebten mit ihren Familien entweder in eigenen Häusern oder in Wohnungen, die sie mieteten. Teilweise arbeiteten ihre Väter als Lehrer, Architekten, Ingenieure oder Ähnliches und nicht wie meiner als Gärtner beziehungsweise Plattenleger. In gewisser Weise wirkten diese Familien auf mich wie ein anderes Level, so vornehm und besser als wir, wodurch ich von meiner Seite aus auch nicht wirklich das Bedürfnis hatte, den Kontakt zu den Kindern zu intensivieren.

Ein Erlebnis prägte mich diesbezüglich sehr: Ich ging zu einer Mitschülerin, um sie zu fragen, ob sie mit mir spielen wollte. Früher war es ganz normal, dass die Haustür offen stand und man das Treppenhaus hoch laufen und an der jeweiligen Tür klopfen oder klingeln konnte.

Also lief ich hinauf und klopfte, um nachzufragen, ob wir spielen würden. Die Tür wurde geöffnet und ich hereingebeten, da sich meine Klassenkameradin noch anziehen musste. Am Tisch saß ihr Vater und musterte mich skeptisch von oben bis unten, ganz genau. „Ach", fragte er etwas skeptisch und rhetorisch: „Du bist das Flüchtlingskind aus der DDR, das mit seinen Eltern im Neubau wohnt, richtig?"

„Ja", antwortete ich.

„Jaja, das haben wir gerne", sprach er vorwurfsvoll und wütend. „Wir müssen noch auf eine Gemeinschaftstoilette im Treppenhaus und ihr kommt als Flüchtlinge hierher und erhaltet eine Neubauwohnung mit allem Pipapo und einem eigenen Badezimmer."

Mich ärgerte dieser Vorwurf so sehr, dass ich entgegnete: „Ja, aber unsere Wohnung ist sehr teuer. Meine Eltern müssen sehr viel Geld bezahlen, damit wir dort leben können."

Der Vater verzog das Gesicht und wurde laut, als wolle er mich der Lüge bezichtigen: „Wie? Viel Geld?"

„Ja! Wie viel Geld müssen sie denn monatlich für ihre Wohnung zahlen?" Ich erwähnte ja schon einmal, dass ich sehr unerschrocken war und manchmal ein „loses" Mundwerk hatte. Außerdem stand meine Mutter mittlerweile seltener neben mir, um mich mit ihrem „Karoline, du sagst nichts!" zu ermahnen.

„39 Mark, das *ist* viel Geld", schoss er zurück.

„Das stimmt", nickte ich und schaute ihm mit all meiner Wut, die ich in diesem Moment verspürte, tief in die Augen: „Aber meine Eltern müssen 105 Mark Miete zahlen!"

Der Vater verdrehte die Augen und fragte ungläubig: „Was? Wie schafft ihr das denn? Ihr habt doch nichts!" Und dann schoss er vorwurfsvoll nach: „Wer zahlt das für euch?"

„Mein Vater und meine Mutter zahlen alles selbst. Beide gehen arbeiten und wir müssen sehr sparsam leben, damit wir dort wohnen können."

Ihm hatte es die Sprache verschlagen und ich stand selbstbewusst vor ihm. Es war ja lediglich die Wahrheit, die ich ausgesprochen hatte.

Die Vorwürfe konnte und wollte ich nicht auf mir sitzen lassen, denn sie waren unfair und unwahr!

Von diesem Moment an verstand er, dass ich weder log noch etwas erfand. Es war die reine Wahrheit und er konnte das überhaupt nicht begreifen. „Aha“, sagte er nur noch, schaute mich einige Sekunden an, als würde er auf eine Pointe warten, ehe er sich förmlich in seine Zeitung verkroch ...

In diesem Moment spürte ich diesen gewissen Hass und diese gewisse Wut beziehungsweise Ablehnung, die uns als Flüchtlingen aus der DDR entgegengebracht wurden. Automatisch habe ich, insbesondere nach diesem Vorfall, ein wenig Abstand zu den anderen Kindern genommen, weil ich befürchtete, dass alle so über uns dachten – und auch, weil es mich verletzte! Du hast damals eben alles erlebt: einerseits Ablehnung, Anfeindung, Ausgrenzung und Kälte, andererseits Mitleid, Zuwendung, guten Willen und Empathie. Damit klarzukommen, vor allem auch in diesem jungen Alter, war schon irre!

# DAS FAHRRAD

Mir war die Schule sehr wichtig und ich hatte ein klares Bedürfnis, das zugleich auch mein Ziel wurde: Lernen, so viel es ging – und dabei prägten mich drei Lehrkräfte ganz besonders.

Zum einen gab es eine Lehrerin, deren Namen ich aus Prinzip und weil sie mir sehr negativ in Erinnerung geblieben ist, nicht nennen möchte, die für meine Begriffe vollkommen bekloppt war, das kann ich gar nicht anders sagen. Sie schrieb mir immer die miesesten Bemerkungen ins Zeugnis, beispielsweise, dass ich sehr vorlaut und respektlos war – ja, ich hatte meine eigene Meinung und bin dafür eingestanden, aber aus meiner Sicht war das ein positiver Umstand; und respektlos war ich nie, ich ließ mir nur nicht die Meinung verbieten. Sie war sehr klein, nach einiger Zeit war ich größer als sie und das konnte sie überhaupt nicht leiden, das hat sie richtig in ihrem Stolz verletzt. Am Anfang, als ich neu war, schickte sie mich in die Klassen mit den jüngsten Schülern, damit ich auf diese aufpasste. Das fasste ich als gutes Zeichen auf, bis ich bemerkte, dass meine Art und Weise bei den Schülern gut ankam, was der Lehrerin wiederum überhaupt nicht gefiel. Daraufhin untersagte sie dies mit der Zeit.

Je älter ich wurde, desto unmöglicher und bösartiger mir gegenüber wurde sie. Zum Beispiel hatten wir einmal, das war so ein Erlebnis, gemeinsamen Unterricht mit einer anderen Klasse und dementsprechend war es sehr lebhaft im Raum. Irgendwann brüllte die Lehrerin uns an und mahnte: „Kein einziges Widerwort gestatte ich jetzt noch, jetzt herrscht Ruhe!“ Dann sprach sie weiter und es herrschte eine Totenstille im Klassenraum, bis sie eine unfaire Bemerkung machte und ich reagierte. Ihr Gesicht wirkte wie versteinert, die Augen waren wie eingefroren und packten mich fest, ließen mich nicht mehr los. Sie, diese kleine Frau, stampfte wutentbrannt auf mich zu und begann, mich zu ohrfeigen. Die Klasse war so ruhig, dass man die sprichwörtliche Stecknadel hätte fallen hören können und ein Junge, der mitten im Klassenraum saß, zählte die Ohrfeigen mit: „Eins. Zwei.“ Mit einem ganz trockenen, nüchternen Ton sprach er. Es war keine Begeisterung in seiner Stimme zu hören, sondern viel mehr ein gewisses Entsetzen, dass es so viele waren: „Drei. Vier.“ Ich muss zugeben, dass es in meiner Hand richtig gezuckt hat. Ich dachte mir, dass sie nicht meine Mutter wäre und ich mir das deshalb gar nicht gefallen lassen müsste. Dennoch entschied ich mich dagegen, weil wir das damals einerseits nicht gemacht haben, denn Lehrer galten als Autoritäten und es war nicht gesellschaftstypisch, sich gegen sie aufzuwenden; das war ein Tabu in unserer Gesellschaft. Andererseits wusste ich, dass es, hätte ich etwas unternommen, einen Verweis und ein Gespräch mit meiner Mutter gegeben hätte, was wiederum in Ohrfeigen meiner Mutter geendet hätte. „Fünf. Sechs.“ Der Junge wurde mit jeder Zahl ein wenig leiser, weil ich selbst nicht glauben konnte, dass es schon so viele Ohrfeigen waren. Und ich dachte, dass die doch langsam mal aufhören müsste. Die musste doch bekloppt sein, dass sie immer weiter mit der flachen Hand auf mein Gesicht, das Gesicht eines Kindes, einschlug. Es war kein Aufhören in Sicht und der Junge zählte weiter mit, wobei jeder weitere Schlag für mehr Verwunderung und Entsetzen sorgte. „Sieben. Acht.“

Die achte Ohrfeige saß schließlich so richtig: Sie schlug so heftig zu, dass mein Ohrring aus dem Läppchen herausgerissen wurde und es heftig zu bluten begann. Das war ein richtiges Wachrütteln für die Lehrerin, während ein Aufschrei durch die Klasse ging. Sie selbst war dadurch so erschrocken, es wirkte fast, als wäre sie aus einem Traum aufgewacht und zurück in die Realität gekehrt. Sie sah meine rote, bereits angeschwollene, nun blutige Wange und war so geschockt, dass sie fast einen Herzinfarkt bekam. In diesem Moment wurde ihr scheinbar zum ersten Mal klar, wie sie sich hatte gehen lassen und wie sehr sie die Kontrolle verloren hatte. Animalisch hatte sie auf mich eingeschlagen, nun stand ich blutend und gezeichnet vor ihr. Mir war bewusst, dass ich nicht nach Hause zu meiner Mutter gehen und mich trösten lassen konnte, denn das hätte sie nicht verstanden; meine Mutter hätte die Schuld eher bei mir gesucht, da ich ja wieder mal nicht meinen Mund gehalten hatte. Aber es tat weh und es war ein besonderer Ohrring, denn es war einer der beiden, die ich auf unserer Flucht getragen hatte und für die meine Mutter mir extra noch Löcher hatte stechen lassen, damit wir sie mit in den Westen nehmen konnten. Und nun hatte diese Lehrerin mein Ohrläppchen erst einmal malträtiert, sodass ich wochenlang keinen Ohrring, meiner war übrigens total verbogen, mehr tragen konnte ... Dieser Augenblick war ein Wendepunkt in unserem Verhältnis, denn von da an wurde sie mir gegenüber nie wieder aggressiv oder böse. Nie wieder. Sympathien entwickelte ich dennoch keine mehr für sie.

Zum anderen hatte ich eine Lehrerin, Frau Bolten, die ich förmlich angebetet und verehrt habe. Sie war blond, sehr natürlich, schlank, hübsch, hatte langes Haar, wirkte wie eine Künstlerin und ich schaute wahrhaftig zu ihr auf. Sie war so freundlich zu mir, manchmal lud sie mich sogar zu sich nach Hause ein. Außerdem lieh sie mir auch mal ihr Fahrrad, da ich kein eigenes besaß. Meine Eltern besaßen nicht genug Geld, um mir eines zu kaufen, denn so ein „Drahtesel“, wie mein Vater es nannte, war teuer. Irgendwann unternahmen wir mit unserer Klasse jedoch eine Fahrradtour und da ich kein eigenes hatte, lieh mir Frau Bolten eines ihrer alten. Wirklich nett, kann ich nicht anders sagen. Sie wohnte mit ihren Brüdern, die älter waren als sie, sowie ihren Eltern in einem großen Haus und es wirkte alles so, als verfügten sie über viel Geld. Allerdings strahlte sie keinerlei Arroganz oder Ähnliches aus, sondern war einfach sympathisch, liebenswürdig und herzlich.

Einmal, das war mein Schlüsselerlebnis mit Frau Bolten, hatte sie mir wieder eines ihrer Fahrräder geliehen und ich verlor den Schlüssel für das Schloss. Mir war das so peinlich, dass ich mich zunächst nicht traute, ihr diesen Lapsus zu beichten. Alles, wirklich alles, was ich hätte absuchen können, suchte ich ab, jedoch war nirgends eine Spur des Fahrradschlossschlüssels. Zwei Tage habe ich gezögert, ehe ich am dritten Tag zu ihr ging und alles schilderte. Über ausreichend Taschengeld, um ein neues Schloss zu kaufen, verfügte ich nicht. Ich klingelte an ihrer Haustür und unter Tränen beichtete ich ihr über meinen Fehler. Am Boden war ich zerstört in diesen Tagen, da ich sie doch so bewunderte, sie so lieb zu mir war und ich sie nun so enttäuschte. Und dann, zu meiner völligen Überraschung, schaute sie mich nach dem Öffnen der Tür herzlich an, nahm mich in den Arm und sagte mit einer herzenswarmen Stimme: „Karoline, deshalb hast du jetzt tagelang ein schlechtes Gewissen gehabt?"

„Ja", antwortete ich unter Tränen und erklärte: „Das macht man doch nicht. Wenn man sich eine Sache ausleiht, dann darf dieser Sache nichts zustoßen!" So hatte ich es von meinen Eltern von klein auf gelernt, so wurde ich erzogen.

„Karoline, viel schlimmer wäre es doch gewesen, wenn du einen Unfall gehabt hättest oder wenn dir etwas passiert wäre. Aber wenn es nur dieses Schloss ist, kaufen wir eben ein neues und alles ist wieder gut. Mach dir darüber keine Gedanken", sagte sie und kündigte lächelnd an: „Meine Brüder werden das innerhalb weniger Stunden repariert haben und dann können wir mit dem Fahrrad wieder fahren."

„Aber das kostet doch viel Geld", denn aus meiner Sicht war es eben viel Geld.

Sie sagte schlicht: „Mach dir keine Gedanken!"

Ich fand das so großartig, dass sie mir nicht „den Kopf abriss" und mich keineswegs tadelte, sondern so gutmütig und verständlich war. Wer weiß, wie viele Ohrfeigen mir meine andere Lehrerin dafür gegeben hätte. Das hat mich tief beeindruckt, wie sie mit dieser Situation umging, und hat das positive Bild, welches ich von ihr hatte, nochmals verstärkt. Schon vorher, aber vor allem auch von da an war sie für mich eine Art Vorbild. Nicht nur, weil sie so schön war, dass ich sagte: „So möchte ich später auch gerne einmal aussehen." Es war ihr

Charakter, der mich, neben ihrer unbestrittenen Schönheit, beeindruckte. Wie sie mit mir, der Außenseiterin aus der DDR, umging, war schlicht speziell.

Und spätestens von diesem Fahrradschloss-Moment an war sie meine absolute Lieblingslehrerin. Das hing sicher auch mit ihrem Unterrichtsfach zusammen, denn wir hatten Kunst bei ihr und sie förderte mich wie keine andere Lehrerin. Sie motivierte mich und forderte mich auf, zu zeichnen und zu malen. Ein Spruch, der mir von ihr im Kopf geblieben ist, lautet: „Karoline, was hast du für tolle Ideen, was bist du kreativ." Einmal bastelten wir und ich arbeite in diesem Rahmen an einer Obstschale, auf der Früchte und Obst klebten. Monatelang hing diese Schale in der Schule aus, weil Frau Bolten sagte, dass es eine so tolle Arbeit wäre, die gewürdigt werden müsste. Dadurch verspürte ich ein Gefühl, dass ich nur sehr, sehr selten in der Schule gefühlt habe: Bestätigung. Zum ersten Mal an dieser Schule wurde meine Leistung gefördert und meine Herkunft spielte keinerlei Rolle. Dieses besondere Gefühl werde ich nie vergessen ...

Nach einiger Zeit, das war Monate nachdem ich auf diese Schule gekommen war, begegnete ich der dritten Lehrkraft, die mich entscheidend prägte. Diesem Mann, Herr Duhr, der unser Klassenlehrer wurde und mit dem ich sowie alle anderen Schüler in meiner Klasse dadurch sehr viel zu tun hatten, werde ich ewig dankbar sein – mein gesamtes Leben lang! Er war der erste Mensch, den ich bis dato kennengelernt und erlebt hatte, der sich kritisch mit der Nazizeit auseinandersetzte und uns immer wieder aufforderte sowie ermahnte, dass wir nachdenken und uns informieren müssten. Er betonte immer und immer wieder, dass wir „selbstständige Individuen" werden sollten, die nicht nur blind alles glaubten, sondern auch kritisch hinterfragten. „Schaltet euren Verstand ein", predigte er uns in jeder Unterrichtsstunde. Und wir sollten „verantwortungsbewusst" sein. Diese Haltung, diese Einstellung und diese Motivation haben mich so beeindruckt – und im Nachhinein gesehen auch sehr geprägt. Ich schaute nicht nur körperlich, sondern auch moralisch und menschlich zu ihm auf.

Er hörte beispielsweise mit uns Musik von den Beatles und äußerte sich kritisch über das Verhalten der weiblichen Fans, wie sich diese der Band hingeben und ergeben würden. Gleichzeitig hob er jedoch hervor, dass wir Musikgeschichte erlebten und Zeugen eines einzigartigen Ereignisses wären, da die Beatles die Musik für immer verändern und ihre Lieder noch dann gespielt würden, wenn wir alle längst gestorben wären. „Wenn ihr alt und wackelig seid, wird immer noch die Musik der Beatles gespielt“, war einer seiner Sätze, die er in diesem Zusammenhang gerne aussprach: „Wie bei Beethoven, Bach und Co. wird das sein, denn die Lieder der Beatles wie ‚Yesterday‘ oder ‚Hey Jude‘ sind zeitlos.“ Das ist nur ein Beispiel, wodurch deutlich werden soll, wie vorausschauend er war und uns genau darauf vorbereiten beziehungsweise unsere Blicke dafür schärfen wollte. Ein anderes Mal spielte er uns seriösere Musik, wie zum Beispiel „Die Moldau“ von Antonín Dvořák, vor und erklärte uns dadurch, wie eine Komposition eine richtige Geschichte erzählen kann. Und er ging mit uns in Theater, wodurch ich zum ersten Mal Schauspieler auf einer Bühne sah – welch ein Erlebnis! Ich glaube, das Stück hieß „Tango“, jedenfalls gefiel es mir sehr gut.

Geschichte, Literatur, Musik und Gesellschaft: Er führte einen Unterricht, der dem der anderen Lehrkräfte in keinster Art und Weise glich – modern, zukunftsorientiert, visionär, kritisch. Seinen Vater hatte er im Zweiten Weltkrieg verloren, war auch deshalb sehr daran interessiert, uns die Nazi-Zeit und deren Folgen vor Augen zu führen ...

Dieser Herr Duhr hat mir damals auch die Hilfestellungen gegeben, die meine Eltern mir nicht geben konnten, weil sie einfach eine andere Weltanschauung hatten. Aber er ebnete mir durch seine Pädagogik einen Weg, den ich später auf eigenen Beinen gehen konnte und den ich immer gehen wollte. Ich fand das toll, dass er uns alle, aber insbesondere natürlich mich, so unterstützt und in unseren Wünschen bestärkt hat. Wenn sich ein Lehrer so für seine Schüler engagiert und so ehrlich ist, wie es bei ihm damals der Fall war, ist das unglaublich wertvoll!

Einmal, das konnte er nämlich auch, sagte er einer Schülerin, die wirklich gut war, aber furchtbar faul, vor allen anderen: „Wenn du dich nicht anstrengst und nicht langsam auf den richtigen Weg findest, wirst du es im Leben nicht weit bringen. Du wirst dein Leben wegwerfen und dafür die Quittung kriegen: Maximal wirst du dann als Hilfskraft irgendwo arbeiten und ich glaube nicht, dass dich das glücklich machen wird." Unglaublich, wie ich diese Sätze heute noch erinnere, aber es hat mich einfach zutiefst beeindruckt! Und das war eine Seite an ihm, die ich so eindrucksvoll fand: Diese Ehrlichkeit, auch wenn es wehtat, seine Worte zu hören. Aber es war die Wahrheit und er sprach sie eben aus, ohne jemanden einfach fallen zu lassen, wie es bei anderen Lehrkräften der Fall war damals. Ja, das war ein feiner Mann mit einem ganz besonderen Blick auf die Welt!

Was er ebenfalls mit uns im Unterricht thematisierte, war „Unsere kleine Stadt" von Thornton Wilder. Wir nahmen das Ganze per Tonband auf, damit wir einerseits den Inhalt kennenlernten und andererseits uns zum ersten Mal selbst hören konnten. Für mich war das ganz neu: Weder kannte ich zuvor solche Lernmethoden noch hatte ich eine Ahnung von diesem Theaterstück; meine Stimme auf einem Tonband gehört, hatte ich natürlich auch noch nie zuvor. Er verteilte die Rollen, ich sprach übrigens die Emily, und er versprühte eine Freude und einen Spaß über diese Aktion, dass es richtig ansteckte und wir alle für diese Aktion brannten.

Und das Besondere war, dass er uns allen, jedem Einzelnen, zum Schulabschluss, als wir ihn verließen, prophezeite, wo er uns in einigen Jahren sehen würde. Einem Schüler sagte er zum Beispiel, dass er ein cleverer Typ sei, jedoch bald schon die Entscheidung treffen müsste, ob er den guten oder schlechten Weg gehen wollte. „Entweder wirst du ein erfolgreicher Geschäftsmann oder du wirst ein Ganove und endest im Knast", kündigte er an. Und was soll ich sagen: Das Letztere ist eingetreten, dieser Junge landete im Gefängnis ... Zu mir hatte er damals übrigens gesagt, dass ich mich von Fremdsprachen fernhalten und meinen beruflichen Traum, Polizistin zu werden, weiterverfolgen sollte. „Du gehst deinen Weg“, sagte er. So sagte er jedem Schüler etwas, ganz ehrlich, ganz offen und auf eine persönliche, keineswegs herabschauende Art – phänomenal!

Jahre später kam er dann auch immer zu unseren Klassentreffen, weil er wissen wollte, was wir aus unserem jeweiligen Leben gemacht hätten. Das hat mich einerseits menschlich tief beeindruckt, weil er dadurch zeigte, dass er wirklich an uns interessiert war. Und andererseits habe ich bei einigen Ex-Schülern noch seine Prognose im Kopf gehabt; und was soll ich sagen? Er behielt Recht! Er hatte uns damals, als er noch keine 30 Jahre alt und unser Klassenlehrer war, genau richtig eingeschätzt. Nicht bei allen, aber bei sehr vielen war alles so eingetreten, wie Herr Duhr es prophezeit hatte – Wahnsinn!

# DER MANNI

In der Klasse selbst war ich, wie schon berichtet und bereits in der DDR der Fall, eine Außenseiterin, da ich ja das popelige Mädchen aus dem Osten war, das nichts hatte und dessen Eltern niemand waren. Allerdings hatte ich meist ein ziemlich dickes Fell gegenüber den Beleidigungen, Ausgrenzungen und Frechheiten, weil ich ordentlich abgehärtet war und ein klares Ziel vor Augen hatte: Ich wollte lernen und möglichst gute Noten schreiben, damit ich später meinen beruflichen Weg einschlagen und gehen könnte. Ich war neugierig, interessiert und begeistert, da ich so langsam zu begreifen begann, wie groß die Welt war und welche Zusammenhänge es in der Gesellschaft gab. In Schönberg war das doch alles nicht gegeben, denn da gab es die DDR, die Sowjetunion, den Kommunismus und das war es. Nun gab es eine Vielfalt von Themen, die für mich ganz neu und unter anderem dadurch unheimlich interessant waren. Mathematik, Chemie und Biologie lagen mir zwar weniger, weil sie mich auch nicht wirklich begeisterten, aber Geschichte, Erdkunde, Literatur, Kunst, Musik sowie natürlich Deutsch waren so interessant und erfüllend, dass ich es kaum in Worte fassen kann.

Je mehr Zeit verging, desto besser wurde ich in meinen Lieblingsfächern. Das führte dazu, dass ich plötzlich in eben diesen Fächern nur noch Einsen und Zweien schrieb. Einer Klassenkameradin gefiel diese Entwicklung überhaupt nicht: Sie war, jeder hat ja so seine Rolle in einer Klasse, die Königin, die Nummer 1. Sie sah auffällig aus, hatte lange blonde Haare, war für die damalige Zeit sehr modern gekleidet und trat als Ansagerin auf. Wenn sie sagte, dass etwas „toll“ war, sollte es das auch sein. Wenn ihr etwas nicht gefiel, dann hatte es auch niemandem zu gefallen. Ihr Einfluss auf die anderen Kinder war groß, ihre Eltern hatten wohl viel Geld und sie war eben in den Fächern, die ich als meine Lieblingsfächer aufzählte, die Beste. Die anderen Schüler schauten zu ihr auf und behandelten sie wie jemand Besonderes. Für mich war sie jedoch nur eine von mehreren Klassenkameradinnen, mehr nicht.

Naja, und auf einmal schrieb ich immer bessere Noten und sie war plötzlich nicht mehr die alleinige Nummer 1, sondern hatte manchmal schlechtere Zensuren als ich – und das ging aus ihrer Sicht mal gar nicht! Ich wurde für sie zu einer wahren Hassfigur, sie suchte Streit und piesackte mich ständig. Da ich nicht nachgab und mir nichts gefallen ließ, schon mal gar nicht von ihr, hatten wir uns sehr häufig in den Haaren. Und eines Tages sagte ich: „Nur weil ich ein Flüchtlingskind bin, muss ich nicht doof sein und schon gar nicht deine Meinung als richtig erachten. Ich habe meine Meinung und zu der stehe ich!“ Damit konnte sie überhaupt gar nicht umgehen und hetzte mehrere Schüler gegen mich auf. Das ging so weit, dass sich eine kleine Gruppe, das waren sechs oder sieben Schüler und dazu eben noch sie, nach der Schule traf und mich auf dem Heimweg verfolgte. Der Grund dafür, das hatte ich während dieses Schultages bereits mitbekommen: Sie wollten mich auf dem Nachhauseweg, wenn der Zeitpunkt günstig war, umzingeln und mit einer vernünftigen Tracht Prügel zurechtweisen. Doof war ich ja nicht und dass diese Abreibung bevorstand, bemerkte ich spätestens, als sie mich verfolgten. Mich erinnerte das natürlich sofort an meine Zeit in der DDR, wo das ähnlich zuging, wie ich schon erzählt habe; durch die ich aber auch in vielen Dingen abgehärtet war und daher weniger Angst verspürte. So auch in dieser Situation damals, in der ich bereit für eine Konfrontation war.

Das Verrückte war aber, dass ich an diesem Tag den sprichwörtlichen Schutzengel auf meiner Seite hatte: Während ich auf dem Nachhauseweg war, begegnete ich auf einmal einem Jungen, der bei uns in der Gegend lebte. Diesen Jungen nannten wir schlicht „Manni“, ob das allerdings sein richtiger Name war, weiß ich nicht. Er war schon deutlich älter als ich, so 17 Jahre alt, denke ich, und schon damals ein halbseidener, sehr zwielichtiger Typ. Wir kannten uns, weil wir uns immer mal wieder begegneten, wenn ich auf der Straße spielte. Und der Manni sah schon speziell aus: schluffig, ungepflegt, meist eine Mütze, so eine schwarze Schiebermütze, tragend und ein Auge meist halb geschlossen. Man kann ihn sich vorstellen wie den jugendlichen Noodles aus dem Film „Es war einmal in Amerika", nur mit längeren Haaren und einigen Bartstoppeln im Gesicht. Er hatte schon damals mit der Polizei, die regelmäßig bei ihm zu Hause war, zu tun, weil er in krumme Geschäfte involviert war. Später war er eine Zeit lang als Hilfsarbeiter aktiv, das war damals der Job, den diejenigen übernahmen, die in der Schule keinen Abschluss schafften – aber das war alles nichts für ihn. Er verschwand irgendwann im kriminellen Milieu und ich sah ihn daraufhin nie wieder …

Jedenfalls kam mir, als ich auf dem Nachhauseweg war und die Gruppe mit dieser einen Schülerin an der Spitze mich verfolgte, der Manni entgegen. Ich kam immer gut mit ihm aus, zu mir war er nett, zwar kurz angebunden, aber immer nett. Von seiner Art her war er ja auch kein böser Kerl. Als wir uns näherkamen, sprach er mich auf seine typische Art an: „Karoline, was' los? Warum bist' so komisch? Warum schaust' dich immer nach den' da hinten um?"

„Ach, nichts. Die wollen mich nur verprügeln."

Er öffnete beide Augen, legte den Kopf ein wenig in den Nacken und schaute mich ernst an: „*Wer* will dich verprügeln?"

Ich drehte mich um und zeigte mit dem Finger auf die Gruppe, die ungefähr 20 bis 30 Meter entfernt stehen geblieben war: „Die dahinten, vor allem das eine Mädchen mit den blonden Haaren, die ist die Anführerin."

Manni schaute in Richtung der Gruppe und wieder zurück zu mir. Er krempelte die Ärmel seines schwarzen, an einigen Stellen löchrigen Pullovers bis zu seinen Ellbogen hoch, gab mir einen auffordernden

Klaps auf den Oberarm und animierte mich: „Komm, mit den' reden wir ma' ein Wörtchen!"

Mir war bewusst, dass er es ernst meinte, denn der Manni machte keine halben Sachen. Wir blickten beide zu der Gruppe, die eingeschüchtert wirkte, weil sie unsere Gestiken sah. „Nein", sagte ich. „Das brauchen wir nicht."

Er schaute mich verwundert an, schaute dann zurück zur Gruppe und zog die Ärmel wieder bis zu den Handgelenken herunter. Der Blick, den er dabei der Gruppe und speziell dieser Schülerin zuwarf, war so scharf, dass sich niemand mehr einen weiteren Meter nach vorne traute. „Na gut, dann bring' ich dich nach Haus'." Seine Hände verschwanden in seinen Hosentaschen und er eskortierte mich bis zu unserer Haustüre.

Das Zeichen, welches er dadurch an die Gruppe und speziell diese Schülerin sendete, war unmissverständlich: Wenn ihr euch mit der Karoline anlegt, legt ihr euch auch mit mir an. Und der Manni, der war keiner, mit dem man sich anlegen wollte – schon mal gar nicht als Kind. Die Gruppe drehte sich umgehend um und löste sich auf, wie Manni mir nach einigen Metern, als er sich leicht umdrehte, bestätigte. Zum ersten Mal in meinem Leben wurde ich in einer solchen Situation von jemandem beschützt, das war für mich wirklich besonders. Und ich kann bis heute nichts Negatives über den Manni sagen. Richtig befreundet sein wollte ich mit ihm zwar nie, aber zu wissen, dass er auf meiner Seite stand und er mir sozusagen den Rücken stärkte, tat schon gut.

Der Manni wusste gar nicht, wie sehr er mir durch diese Aktion geholfen hatte, denn von diesem Moment an hatte ich meine Ruhe in der Klasse und auch in der Schule. Kein Schüler wagte es danach noch, mich direkt anzugehen oder mich direkt zu bedrohen, weil sich herumgesprochen hatte, dass Manni auf meiner Seite stand. Und das Verrückteste bei der ganzen Sache war, dass diese Schülerin, die das Ganze ja initiiert hatte, von diesem Erlebnis an keine Gegnerin mehr war, sondern sich völlig anders mir gegenüber verhielt. Sie suchte Kontakt zu mir und wir entwickelten daraufhin ein Verhältnis, das zwar keine Freundschaft war, jedoch keine negative Energie mehr beinhaltete. Unsere Wege trennten sich nach der 8. Klasse auch, aber bis dahin hatten wir keinen wirklichen Streit mehr, erst recht keinen großen. Ja, der Manni ...

# HERR DUHR

Meine Schulzeit lief von diesem Moment an unspektakulär ab. Ich schrieb in meinen Lieblingsfächern gute und sehr gute Noten, in den weniger geliebten befriedigende oder ausreichende, das Hänseln und das Ausgrenzen existierten zwar weiterhin, jedoch nicht mehr in dieser Vielzahl und Intensität. Und dann wurde mein Lehrer, Herr Duhr, nochmals ganz wichtig für mich, nämlich in den letzten Monaten meiner regulären Schulzeit: Durch die Flucht war ich ja sozusagen in einen Verzug der Schulklassen geraten, weil ich ein Jahr wiederholen musste, das beschrieb ich ja schon. Jedenfalls suchte Herr Duhr, nach einer unserer Unterrichtsstunden und nachdem bereits alle anderen den Klassenraum verlassen hatten, das Gespräch mit mir und fragte: „Karoline, was möchtest du später mal werden? Als was möchtest du arbeiten?"

„Ich möchte entweder Schauspielerin, Journalistin oder Kriminalpolizistin werden", antwortete ich überzeugt, denn das waren die drei Berufe, die mich am meisten interessierten. Besonders das Amt der Polizistin, denn dieses prägende Erlebnis, als wir bei der Polizei saßen und meine Eltern sich gegen den Vorwurf, als Stasi-Spitzel zu arbeiten und deswegen in den Westen gekommen zu sein, verteidigen mussten, trieb mich weiterhin in diese Richtung an. Bei meiner Einführung in die Klasse hatte ich diese Vorstellungen vor meinen Mitschülern geäußert. Die gesamte Klasse, als sie diese Berufswünsche hörte, konnte nicht mehr vor Lachen.

Herr Duhr jedoch zeigte sich in diesem Moment, als er mich fragte, wenig hämisch, sondern sehr ernst und verfiel sofort in ein Grübeln. Er spürte genau, dass es kein Scherz meinerseits gewesen war und betonte: „Karoline, wenn du diese Berufe einschlagen möchtest, kommst du mit deiner aktuellen Schulbildung aber nicht weit. Um dieses Ziel zu erreichen, benötigst du eine höhere Qualifikation. Wie stellst du dir denn die nächsten Jahre vor?“

Natürlich hatte ich schon darüber nachgedacht und sprach ganz offen zu ihm, da ich ihm vertraute: „Mein Vater wollte immer, dass ich entweder auf ein Gymnasium wechseln und danach ein Studium aufnehmen würde oder meine Pflichtschulzeit absolviere und dann mit einer Ausbildung beziehungsweise zu arbeiten beginne. Da ich allerdings nach unserer Flucht Schwierigkeiten in der Schule hatte, konnte ich ja nicht mehr auf ein Gymnasium wechseln ...“

„Mit dem regulären Volksschulabschluss könntest du vielleicht auf eine weiterbildende Schule. Dafür müsstest du aber noch ein Jahr hier nachholen, damit du aus der 8. Klasse entlassen wirst und nicht aus der 7.“, er grübelte und grübelte. „Ich schlage vor, dass wir uns da mal schlau machen. Hast du denn noch Lust auf die Schule und das Lernen hier?“

„Ich möchte noch so viel lernen wie nur möglich“, sagte ich.

Er packte seine Stifte in die Tasche und stand auf, um mit mir den Raum zu verlassen, ehe er stehen blieb und sich umdrehte: „Wie stehen denn deine Eltern zu diesen Plänen?“

Auch dieses Mal sagte ich ihm die Wahrheit: „Ich bin mir nicht sicher, wie meine Mutter dazu steht. Mein Vater ist, seit die Gymnasium-Studium-Variante vom Tisch ist, der Meinung, dass ich nur für meine Aussteuer zu sorgen habe, da ich ohnehin später einmal geheiratet werden und mein Mann dann das Geld nach Hause bringen würde.“

„Das klingt ja herrlich“, sprach er mit einem Lächeln im Gesicht und ordentlich Sarkasmus im Unterton. „Oder?“

„Ich weiß gar nicht, ob ich heiraten möchte. Mir wäre daher lieber, wenn ich einen Beruf erlernen und selbst Geld verdienen würde.“

Wie unwohl ich mich mit dem Gedanken, finanziell abhängig von meinem potenziellen Partner zu sein, fühlte, spürte Herr Duhr ganz genau. Ich war schließlich zu diesem Zeitpunkt ein Teenager, knapp

15 Jahre alt, und über einen eigenen Kopf verfügte ich ja schon immer. Er ging mit zwei Schritten auf mich zu und legte seine rechte Hand auf meine Schulter: „Wenn du möchtest, dann werde ich mit deinen Eltern sprechen, ob es möglich wäre, dass du weiter zur Schule gehen und einen weiteren, höheren Abschluss machen könntest. Würdest du das wollen?"

„Klar würde ich das wollen, wenn mir das für meine Zukunft hilft, auf jeden Fall."

Um die Schwierigkeit, meinem Vater das beizubringen, wusste ich natürlich, aber Herrn Duhrs Optimismus steckte mich an. „Gut, ich werde mit ihnen reden", sagte er, schob mich in Richtung Flur und verließ dann ebenfalls den Klassenraum ...

Tatsächlich war es einige Tage später bereits soweit: Es klingelte an unserer Wohnungstür und Herr Duhr bat um Einlass. Meine Mutter hatte einen Kuchen gebacken und so saßen wir alle vier zusammen am Esstisch, als Herr Duhr anfing, über meine Zukunft zu sprechen. An das ganze Gespräch kann ich mich nicht mehr erinnern, ich weiß aber noch, dass mein Lehrer sehr für mich einstand. Meine Eltern hätten doch nur diese eine Tochter und für die wäre es Gold wert, wenn sie einen Beruf erlernen und auf eigenen Beinen stehen könnte. Dafür wäre es aber notwendig, noch ein Jahr an der Volksschule zu absolvieren, da mir ja eines fehlte und ich mit meinem aktuellen Abschluss, der 7. Klasse, nicht weit käme.

Es war ein langes und sachliches Gespräch, ohne Streit oder großartige Diskussionen und mein Vater zeigte sich einsichtig. Allerdings stellte er zugleich die Bedingung, dass ich mich sehr anstrengen müsse, da es ansonsten ein „Jahr für die Katz" werden würde. Für mich stellte das überhaupt gar kein Problem dar, denn ich ging ja gerne zur Schule und lernte gerne Neues dazu. Herr Duhr leitete alles Organisatorische in die Wege und so besuchte ich ein weiteres Jahr die Volksschule, um die 8. Klasse zu absolvieren. Wie bereits die Jahre zuvor hatte ich am Unterricht selbst großen Spaß, ich schrieb gute Noten und war auf einem wirklich guten Weg. Dass ich die älteste in der Klasse war und teilweise mit zwei Jahre jüngeren Kindern zusammen in einem Raum saß, kümmerte mich nicht im Geringsten. Ich hatte mein klares Ziel vor Augen und dafür lernte ich.

Zum Ende des Halbjahres, in diesem Zeitraum wurde übrigens auch die Versetzung in der Schule von Ostern auf den Sommer verlegt, suchte Herr Duhr abermals das Gespräch mit mir: „Karoline, wie soll es denn nun nach deinem 8. Jahr hier weitergehen?" In der Zwischenzeit hatte ich gehört, dass es eine neue Schule gab, in der man zweieinhalb Jahre lang einen theoretischen sowie praktischen Tag hatte, um auf das Leben als Hausfrau vorbereitet zu werden. Das Ganze sah so aus, dass man morgens Unterricht in Mathe, Chemie, Deutsch sowie anderen typischen Fächern hatte und zusätzlich Ernährungskunde, Hauswirtschaftskunde sowie ähnliche Fächer hatte. Nachmittags wurde dann gekocht, geputzt, genäht und eben all das geübt, was man später im Haushalt benötigen würde. Aufgrund der Veränderungen bezüglich des Versetzungszeitpunktes umfasste die Qualifikation die „mittlere Reife auf dem zweiten Bildungsweg" an dieser neuen Schule für mich nur zweieinhalb Jahre statt drei vollen Jahren. Ich antwortete also, dass ich gerne auf diese Schule wechseln würde, um einerseits meine mittlere Reife zu erlangen und andererseits wertvolle Dinge zu erlernen, die ich in meinem Leben gebrauchen könnte – ob nun als Hausfrau oder Mutter oder Alleinstehende. Abgesehen davon, wäre dieser Weg für meinen Vater sicherlich auch erträglicher …

Um an diese Schule wechseln zu können, benötigte ich allerdings die Zustimmung meines Vaters und das wusste wohl auch Herr Duhr. Jedenfalls schlug er umgehend vor, nochmals zu meinen Eltern zu kommen und nochmals mit ihnen ein Gespräch über meine Zukunft zu suchen. Mein Vater war wenig begeistert von dieser ganzen Idee. Was sollte seine Tochter nun auch noch auf einer weiteren Schule? Sie könnte doch alles, was sie dort lernen würde, auch von ihrer Mutter lernen. Außerdem sei es so langsam einmal an der Zeit, dass ich mein eigenes Geld verdienen müsste. Ja, das waren seine Worte und seine

Ansichten. In vielen Bereichen des Lebens war er sehr reflektiert und modern, in anderen dafür umso weniger.

Unerwartet, aber sehr entscheidend schaltete sich meine Mutter in dieses Gespräch ein. Zum ersten Mal in meinem Leben erlebte ich, wie sich meine Mutter tatsächlich gegen die Einstellung meines Vaters stellte und ihre eigene Meinung äußerte. Sie schilderte, dass sie nur wenige Jahre die Schule besuchen hätte können, da sie damals schon so früh auf dem Bauernhof helfen musste. Und nun wollte sie, dass ihre Tochter es besser haben würde. Wenn sich die Chance, sie sagte immer typisch norddeutsch „Schangße", bieten würde, dass ich noch eine höhere Qualifikation im schulischen Bereich erlangen könnte, dann sollte ich diese auch wahrnehmen dürfen. Sie verlangte gleichzeitig meinerseits das Versprechen, dass ich akribisch lernen und arbeiten würde, denn nur solange hätte ich ihre Unterstützung. Natürlich gab ich ihr dieses Versprechen, ohne nachzudenken, umgehend, aber ohne die Zustimmung meines Vaters war ein Wechsel an diese Schule nicht möglich. Herr Duhr argumentierte und analysierte zudem, erklärte meinem Vater die Vorteile und Perspektiven, die sich mir böten – und all das zeigte Erfolg. Mein Vater gab klein bei, ich durfte an diese neue Schule wechseln und erhielt nach zweieinhalb Jahren meine mittlere Reife.

Während meiner letzten Monate an dieser Schule suchte Herr Duhr mich erneut zu einem Gespräch auf, um mit mir meinen beruflichen Weg nochmals zu besprechen. Die Vorstellung, einmal als Schauspielerin tätig zu sein, hatte ich aufgegeben, da es weder zu mir noch zu meiner Familie passte; dies war mir mit jedem Monat bewusster geworden. Ich sagte ihm, dass ich mich bei einer Zeitung beworben hatte, jedoch kein positives Feedback erhalten hatte – man hatte mir mitgeteilt, dass ich in den wesentlichen Fächern zwar passende Noten hätte, jedoch würde man mir in dem Moment, in dem sich ein Junge mit einem Abitur-Abschluss bewerben würde, nicht den Zuschlag geben. Naja, irgendwie taten mir diese beiden Entwicklungen überhaupt nicht weh, denn immer mehr spürte ich, dass mein ursprünglicher Wunsch, einmal als Kriminalpolizistin zu arbeiten, der richtige war. Herr Duhr freute sich und ich war ihm unendlich dankbar, dass er mir auf diesem Weg so enorm geholfen hatte ...

Allerdings war die Umsetzung nicht ganz so einfach, da mein Vater weiterhin sehr kritisch dem Ganzen gegenüberstand. Das zeigte sich insofern, als dass er mir keinerlei Taschengeld oder ähnliche finanzielle Hilfen mehr bot. Ich erhielt Geld für eine Busfahrkarte, aber das war es auch schon. Meine Mutter war in dieser Zeit eine unvorstellbar wichtige Stütze, da sie mir Geld gab: Jeden Tag, wenn sie vom Putzen nach Hause kam, steckte sie mir eine Mark zu. Heute mag das nach nichts klingen, aber damals war das eine ganze Menge! Und ich konnte dieses Geld gut gebrauchen, wenn ich beispielsweise neue Stifte oder Hefte für die Schule benötigte.

Ohne das Wissen meiner Eltern, sparte ich übrigens das Geld für mein Busticket, indem ich zu Fuß zur Schule ging. Der Weg war lang, weshalb ich ja den Bus nehmen sollte, allerdings entschied ich, früher aufzustehen sowie früher das Haus zu verlassen, um rechtzeitig anzukommen und das Geld beiseitelegen zu können. Ein Fahrrad besaß ich weiterhin nicht und so blieb nur das Gehen, was natürlich auch für den Rückweg galt. Jede Gelegenheit, die sich mir in den Ferien bot, nutzte ich, um arbeiten zu gehen und ein wenig Geld zu verdienen – in einer Brotfabrik, in einem Schuhgeschäft und in einem Büro einer Handelsvertretung.

In dem Büro kam eines Tages jemand auf mich zu, ich weiß nicht mehr, wer es war, und fragte, ob ich nicht für seine Familie als Kindermädchen arbeiten wollte. Natürlich nahm ich dieses Angebot an und betreute von da an, das war ungefähr ein Jahr, nachdem ich an der Schule angefangen hatte, einen kleinen Jungen. Für mich war die Situation optimal, weil ich Kontakt zu anderen Menschen hatte, Geld verdiente und auch noch meine Hausaufgaben erledigen konnte, während der Junge seine machte. In diesem Zusammenhang habe ich auch zum ersten Mal verstanden, was finanzieller Reichtum bedeutet, denn die Eltern des Jungen waren sehr wohlhabend für damalige Verhältnisse und einen solchen Haushalt zu sehen, war sehr interessant.

Es war ohnehin eine sehr spannende, sehr intensive und dadurch sehr interessante Zeit, denn die 68er-Bewegung startete in Deutschland so langsam. Ich hatte mich zum ersten Mal seit unserer Ankunft im Westen so richtig, ja, für die Gesellschaft interessiert. Und auf einmal wurde über Themen gesprochen und diskutiert, die mir völlig fremd waren: Minirock, Anti-Babypille, Musik, Drogen und vieles mehr. Mitten in dieser Zeit stand ich regelmäßig in diesem großen Haus dieser Familie und sah einen Reichtum, mit dem ich kaum etwas anfangen konnte. Bei der Familie handelte es sich zwar nicht um Millionäre, aber für die damalige Zeit waren sie eben sehr reich – ein Beispiel dazu habe ich noch vor Augen: An einem Tag fiel mir der Deckel einer Zuckerdose herunter, als ich die Spülmaschine ausräumte. Dieser Deckel kostete damals zwölf Mark, weil es ein Markenservice war. Diesen Umstand beichtete ich schweren Herzens, weil ich nicht wusste, wie ich das bezahlen konnte, denn so viel Geld über hatte ich ja nicht. Die Mutter des Jungen sagte nur: „Regen Sie sich bloß nicht auf, wir kaufen einfach einen neuen Deckel. Davon geht die Welt doch nicht unter." Ich war baff, denn für mich war das verdammt viel Geld und wenn das bei uns zuhause, wo es natürlich gar keine Zuckerdosendeckel für zwölf Mark gab, geschehen wäre, hätten wir wochenlang sparen müssen, um einen neuen kaufen zu können. Dieses Beispiel steht symbolisch für so viele andere Erfahrungen, die ich in diesem Haushalt sammelte, denn alles war ersetzbar, weil finanzierbar.

Jedenfalls habe ich mir durch diese Ferienjobs, die Betreuung dieses Jungen sowie die regelmäßige Mark meiner Mutter mein eigenes Geld verdient, um mir das kaufen zu können, das ich benötigte. Manchmal reichte es auch, um mir mal etwas Besonderes zu holen, wie zum Beispiel neue Kleidung. Wenn mein Vater mit mir einkaufte, bestimmte er, was ich mir kaufen durfte und was nicht. Das führte dazu, dass ich immer aussah, wie eine Oma, eine alte Frau. Mir gefiel das nicht, ich fühlte mich nicht gut und beschloss deswegen, selbst Geld zu sparen, um mir Kleidung kaufen zu können; um mir kaufen zu können, was ich tragen wollte. Das schlechte Gewissen, weiterhin zur Schule und nicht bereits arbeiten zu gehen, war durch die Tatsache, dass ich jobbte, auch nicht wirklich groß. Zudem, um meinen Vater zu beruhigen, kaufte ich von meinen Verdiensten auch immer mal wieder etwas für meine Aussteuer ein, wie beispielsweise Handtücher, Besteck oder ein Service. Blieb dennoch etwas übrig, zahlte ich es auf mein Sparkonto ein. Und so stand ich erstmals in meinem Leben in gewisser Weise auf meinen eigenen Beinen ...

Die Schulzeit beendete ich mit der bestandenen Mittleren Reife auf dem zweiten Bildungsweg, wie es korrekt hieß. Drei Jahre, in denen ich als Angestellte jobbte, nach meinem Schulabschluss bewarb ich mich offiziell für meinen Traumberuf, bestand die Aufnahmeprüfung und konnte endlich mit meiner Ausbildung zur Kriminalbeamtin beginnen. Dazu musste ich Mühlheim an der Ruhr verlassen und mir eine eigene, kleine Wohnung suchen. Die Wohnungssuche dauerte jedoch mehrere Monate und ich erhielt zig Absagen, da es Anfang der 70er Jahre als unanständig galt, wenn eine junge Frau allein wohnte – „Die kriegen ja doch nur Männerbesuch ...“. Glücklicherweise wurde ich dennoch fündig und zog von zuhause aus.

Nach meiner bestandenen Ausbildung traf ich auf meinen neuen Chef, an dem mir sofort sein sächsischer Dialekt auffiel. Eines Tages ergab sich zwischen Herrn Bauer, wie dieser Chef hieß, und mir ein persönliches Gespräch, in dessen Verlauf wir auf das Thema DDR kamen. Er war völlig erstaunt, dass ich ebenfalls in der DDR geboren und mit meinen Eltern sogar noch vor dem Mauerbau in den Westen geflohen war. Er berichtete mir, dass er früher als Kriminalpolizist in der DDR gearbeitet und irgendwann Schwierigkeiten mit der Staatsführung bekommen hatte, weil er nicht linientreu gewesen war. Man steckte ihn unter einem Vorwand ins Gefängnis, wo er vielen Menschen, die er in den vorherigen Jahren dorthin befördert hatte, begegnete. Die Bundesrepublik hätte sich jedoch für ihn eingesetzt und ihn, seine Frau sowie seine Kinder für jeweils 40.000 Mark freigekauft. Seines Seitens würde er der DDR „keine einzige Träne nachweinen und wäre der Bundesrepublik für ewig dankbar". Sein Schlüsselerlebnis hätte sich im Gefängnis ereignet, schilderte er, denn die mit ihm einsitzenden Häftlinge hätten sich quasi in zwei Gruppen geteilt: Einige Sträflinge hätten sich ihm gegenüber aggressiv verhalten, weil er ein Polizist gewesen und somit ein Staatsvertreter war. Andere Häftlinge, mit vielen dieser hätte er früher beruflich Kontakt gehabt, hätten sich immer in seiner Nähe aufgehalten. Erst nach einiger Zeit hätte er begriffen, dass diese zweite Gruppe ihn regelrecht bewachte und somit vor der erstgenannten Gruppe beziehungsweise eventuellen Übergriffen dieser beschützt hätte. Bei seiner Haftentlassung soll einer seiner „Beschützer" gegenüber Herrn Bauer sogar bestätigt haben: Als Polizist sei Herr Bauer immer anständig und korrekt gewesen. Dieses Verhalten hätten die Beschützer, obwohl sie selbst Straftäter waren, ihm nicht vergessen und ihn deshalb vor den aggressiven Häftlingen, der anderen Gruppe eben, beschützt.

Herr Bauer sagte, dass er schon seit einiger Zeit beobachtet hätte, wie ich ebenfalls großen Wert auf korrektes sowie faires Verhalten im Umgang mit den Tätern legte. Damit wollte er mich in meinem Verhalten bekräftigen und deswegen waren wir ins Gespräch über unsere jeweilige DDR-Vergangenheit gekommen ...

Der Abend nach diesem Gespräch war sehr emotional. Es war das erste Mal, seit ich von meinen Eltern ausgezogen war, dass ich wieder so richtig über Schönberg, die DDR und die Flucht nachdenken musste. Sie war plötzlich wieder allgegenwärtig und in diesen Stunden verstand ich auch ein für alle Mal, dass ich mich dieser, *meiner* Vergangenheit nicht verschließen konnte, sondern sie mich immer und überall mein Leben lang begleiten würde. Das war mir noch nie zuvor so deutlich geworden, wie es an diesem Abend, nach dem Gespräch mit Herrn Bauer, der Fall war. Ich wusste, dass ich das Mädchen aus Schönberg war, dass ich das Flüchtlingskind aus der DDR war, dass ich dies immer bleiben würde und dass selbst mein

Auszug sowie das Arbeiten in meinem neuen Beruf nichts daran ändern würden.

Durch dieses Gespräch wurde mir jedoch auch bewusst, wie kostbar es doch war, in Freiheit und in einer Demokratie leben zu können, auch wenn es viel anstrengender war als das Leben in der DDR. Dort wurde durch die Partei bestimmt, wer wann was durfte. Ständig musste man mit Überwachung beziehungsweise Kontrolle durch den Staat rechnen, konnte sodann für unerwünschte Äußerungen über die oder Kritik an der Partei beziehungsweise dem Staat zu einem Verhör geladen oder gar verhaftet und eingesperrt werden. Als freier Mensch in einer Demokratie musste – und muss – man selbst denken, planen, entscheiden und Verantwortung für sein Handeln übernehmen. Aber man durfte – und darf – eigene Ansichten haben, seine Meinung vertreten, selber über seine Ausbildung und seinen Beruf entscheiden; vor allem aber sich frei bewegen, reisen sowie Menschen treffen; und das alles ohne staatliche Kontrolle.

# DIE MAUER

In den anschließenden Jahren verfolgte ich die DDR in erster Linie durch die Medien, hauptsächlich den Fernseher und das Radio. Natürlich sprach ich auch mit meinen Eltern noch über die Ereignisse und Vorkommnisse. Und wir, wobei es hauptsächlich meine Eltern waren, hatten ja auch noch immer Kontakt „nach drüben", indem sie Briefe schrieben und erhielten, hauptsächlich mit der befreundeten Familie in Schönberg und mit Tante Marta. Anhand dieser Briefe erfuhren wir dann, dass der Haushalt meiner Eltern, also die Wohnung in Schönberg, in der wir damals lebten, und alles, was wir zurückgelassen hatten, aufgelöst wurde. Ein Parteichef in Schönberg hatte dies veranlasst. So waren unsere Möbel versteigert beziehungsweise gespendet worden und die Uhr aus dem Wohnzimmer war in das Heimatmuseum gekommen, schrieben sie meinen Eltern. Häufig erwischte ich mich dabei, wie ich mich fragte, was wohl aus meiner Puppe Maria, die ich so gerne mit in den Westen genommen hätte, wohl geworden war und welches Kind sich seit unserer Flucht an ihr erfreuen würde ...

Den Bau der Mauer hatte ich zuerst und fassungslos in Bildern der Wochenschau im Kino gesehen. Später dann auch über die Berichte im Fernsehen weiter verfolgt, wie die Stacheldrahtzäune aufgezogen wurden; wie die Sperrzone eingerichtet wurde; wie zahlreiche DDR-Bürger versuchten, in den Westen zu flüchten; wie die Flucht einiger erfolgreich endete; und wie viele andere es nicht schafften; wie zahlreiche Männer in DDR-Uniformen und umgehängten, jederzeit griffbereiten Kalaschnikows Wache standen. Vor allem die Bilder aus Berlin waren es damals, die ich sah, da der Bau der Mauer dort, am Brandenburger Tor begann und sich durch die ganze Stadt zog, bis West-Berlin schließlich vollkommen eingemauert war. Nur an bestimmten Stellen gab es Grenzübergänge, über die Zugverbindungen sowie der PKW-Verkehr von beziehungsweise nach West-Berlin möglich waren. Um in den Westen zu gelangen, musste die Fahrt auf festgelegten Routen – sogenannten Transitstrecken – durch die DDR erfolgen. Bei Verlassen der DDR wurde natürlich jeder Passagier im Zug beziehungsweise jeder Insasse im PKW durch DDR-Grenzbeamte kontrolliert. In den Medien wurde häufig über gescheiterte Fluchtversuche berichtet: Einige DDR-Bürger versuchten, mit Autos durch die Sperren der Kontrollstellen zu rasen; andere versuchten, durch die Spree zu schwimmen; wiederum andere versuchten, über die Mauer zu klettern; einige versuchten, einen Tunnel unter der Mauer hindurch zu graben; unfassbar, was für Versuche dabei waren und welche Geschichten dadurch entstanden!

Mein neues Leben lenkte mich zwar auch ab von all diesen Ereignissen und Nachrichten, weil ich meinem Beruf nachging, bei meinen Eltern ausgezogen sowie in eine andere Stadt gezogen war, eine eigene Familie gründete und einfach mit meinem Alltag beschäftigt war. Aber ganz ausblenden konnte ich die DDR, die Mauer, die Stasi, die Flucht, meine Herkunft, ja meine Vergangenheit sowie die Geschichte meiner Eltern beziehungsweise Vorfahren einfach nicht …

Im Laufe der Jahre hatte ich dann meine ganz eigenen „Begegnungen mit der Mauer“.

Da war ein Besuch in Lübeck, das war 1967, bei meiner Tante und ihrem Mann. Mein Vater, meine Mutter und ich waren mit dem Zug nach Lübeck gefahren, um sie zu treffen. Weil das Wetter schön war und sie etwas besprechen wollten, klinkte ich mich aus und ging spazieren. Mein Weg führte mich zum Schaalsee, der damals als Grenzsee fungierte und eben jener Bereich war, an dem mein Vater früher als Grenzpolizist die Bauern nachts in den Westen gelassen hatte.

Dort am Ufer saß ich und schaute in die DDR, sah den Todesstreifen und die Wachtürme, in denen die Soldaten standen und mich mit ihren Ferngläsern observierten. „Würde hier bald ebenfalls die Mauer zu sehen sein?", fragte ich mich, während ich dort saß. Gleichzeitig wünschte ich mir innigst, dass mein Vater auch dieses Mal recht behalten würde mit seiner Prognose bezüglich der DDR – denn er hatte ja nicht nur immer wieder betont, dass die Verantwortlichen eine Mauer bauen würden, sondern eben auch, dass sie mit ihrem System scheitern würden. Mein Vater sagte immer, dass die DDR sich kaputt wirtschaften würde, weil die Verantwortlichen von Wirtschaft nichts verstünden und keine 40 Jahre durchhalten würden, vorher die Grätsche machen würden. Und dann käme der Westen und der DDR würde nichts anderes übrig bleiben, als es über sich ergehen zu lassen, weil sie, die Kommunisten, immer nur ihre Planwirtschaft vor Augen hätten. Das hat er immer und immer wieder gesagt, wie seinen Spruch mit dem Mauerbau.

Und als ich eben an diesem Sommertag am Schaalsee saß, ganz für mich allein, und die Soldaten in ihren Türmen mit ihren Ferngläsern sah, dachte ich mir: „Ihr habt die ganze Zeit umsonst gewacht und mir könnt ihr jetzt nichts mehr anhaben, deshalb sehe ich euch nun genauso interessiert zu wie ihr mir. Ich bin wenigstens in Freiheit. Wisst ihr überhaupt, wie das ist? Man kann reisen, wann und wohin man will, ohne um Erlaubnis fragen zu müssen. Man ist *frei*!" Und während mir diese Sätze durch den Kopf gingen, wünschte ich mir nichts sehnlicher, als dass mein Vater recht behalten würde mit seiner Prognose.

Dann, im April 1971, hat mich ein damaliger Freund zu einem Kurzurlaub in West-Berlin überredet. Es ging mit dem Flugzeug von Düsseldorf nach Berlin-Tempelhof, ganz nebenbei war dies der allererste Flug meines Lebens und dementsprechend gut sind meine Erinnerungen, da ich wirklich aufgeregt war. Für mich gab es jedoch keine andere Option: Der Zug war mir zu riskant und die Reise mit dem Auto sowieso, denn dann hätten wir an den „DDR-Grenzern“ vorbei gemusst, die mich kontrolliert hätten. Sie kontrollierten die Einreisenden jedoch nicht bloß, sondern durchsuchten sie teils auch oder schikanierten sie. Teilweise wurden Reisende auch festgehalten oder sogar verhaftet; manchmal auch einfach nur abgewiesen, sodass man die DDR erst gar nicht betreten durfte. Mit dem Auto zu fahren und dieses Risiko einzugehen mit meiner Vergangenheit, das war mir zu riskant und zu gefährlich, weswegen nur der Flug blieb. Im Stadtteil Charlottenburg hatten wir unser Pensions-Zimmer und starteten von dort aus unsere Erkundungsgänge durch die Stadt, wobei ich ein Wirrwarr an Gefühlen im Gepäck hatte.

In Berlin standen wir, als wir auf einer Straße unterwegs waren, plötzlich und vollkommen unvermittelt vor der Mauer, die sich durch den ganzen Ort zog. Unvorstellbar war das! Du liefst durch die Stadt und plötzlich ging es einfach nicht weiter, das ist kaum zu beschreiben. Eine Mauer, undurchlässig, keineswegs löchrig, mit nur einem Ziel, nämlich das Einsperren beziehungsweise Aussperren – grausam. Ich fühlte Wut, Trauer und Hilflosigkeit. Irgendwo war ich zwar glücklich, so nah an der DDR zu sein, in der Nähe von Mecklenburg und meinem verlorenen „Zuhause“. Dieser Umstand stimmte mich aber gleichzeitig traurig, weil ich tatsächlich ein starkes Heimweh empfand, aber eben wusste, dass der Kontakt zu meinen ehemaligen Spielfreunden aus Kindheitstagen abgebrochen war. Tante Herta war weit weg von mir, sie schrieb nur noch selten an meine Eltern – telefonieren war ja weiterhin nicht möglich zwischen uns; und allein unsere Wohnung in Mühlheim an der Ruhr war so viel schöner als in Schönberg. Inzwischen kannte ich im Westen auch deutlich mehr Orte, als ich in Mecklenburg je gesehen hatte – und trotzdem hatte ich Heimweh.

Mir wurde mit jedem Tag auch bewusster, dass Berlin ein besonderes Erlebnis war. Ich sah zum Beispiel meine erste große Demonstration. Doch das bedrückende Gefühl, welches ich empfand, begleitete mich in jeder Ecke der Stadt, denn überall lief ich „gegen“ diese Mauer, wenn nicht gerade Wasser vor mir lag. Daher war ich doch sehr erleichtert, als ich wieder im Flugzeug nach „Hause“ saß ...

1988, mein Sohn war erst kurze Zeit auf der Welt und meine Tochter frisch eingeschult, feierten mein Mann und ich unseren zehnten Hochzeitstag. Bekannte, die wir in unserem letzten Urlaub kennengelernt hatten, luden uns ein und so setzten wir uns ins Flugzeug nach West-Berlin. Auf keinen Fall hätte ich meine Familie und mich den „DDR-Grenzern“ ausgeliefert, obwohl man die Transitstrecke problemlos hätte fahren können. Unsere Gastgeber wohnten damals nicht weit weg von der Mauer und hatten große Angst: Jetzt war es schön ruhig, aber wenn die Mauer mal nicht mehr wäre, würden sie sehr durch den uralten Schönfelder Flughafen im Osten betroffen sein – dann lieber mit Mauer leben. Solche Sorgen hatten die damals ...

Jedenfalls zeigten sie uns viel von der Stadt. Gemeinsam standen wir auf dem Podest vor dem Mauerteil am Brandenburger Tor und konnten nach Ost-Berlin „Unter den Linden“ schauen – welch ein Erlebnis. Ich musste daran denken, wie ein Jahr zuvor der damalige US-Präsident, Roland Regan, an dieser Stelle, an der wir uns nun befanden, stand und sagte: „Mr. Gorbatschow, open this gate! Mr. Gorbatschow, tear down this wall!“ Meinen Herzenswunsch in diesem Moment äußerte ich gegenüber meinem Mann: „Ein Mal in meinem Leben möchte ich ‚Unter den Linden‘ bummeln und durch das Brandenburger Tor gehen.“ Getraut habe ich mich es damals einfach nicht, da ich zu viel Angst hatte, festgenommenen zu werden ...

Mein Mann und unsere Tochter hatten noch ein ganz persönliches „DDR Mauer“-Erlebnis: Sie waren in Berlin-Spandau und hatten sich die Zitadelle angesehen. Als sie danach zu uns zurück wollten, stiegen sie allerdings in die falsche Bahn ein und landeten am Grenzübergang Friedrichstraße. Dort standen bewaffnete DDR-Uniformierte, die den Grenzübergang an dieser Stelle bewachten. Um wieder in den West-Teil gelangen zu können, mussten mein Mann und meine Tochter erst zwei Etagen in den Keller hinabsteigen, um die Bahn zurück nach West-Berlin nehmen zu können. Sie durchfuhren auf ihrem Rückweg auch zwei „Geisterhaltestellen“ im Ost-Teil, an denen keinerlei Menschen standen, die Bahn nicht hielt und die Haltestellen lediglich durch ihre zahlreichen Spinnweben auffielen. „Es herrschte eine merkwürdige Stille in der Bahn, als wir durch diese Geisterhaltestellen fuhren“, berichtete mir mein Mann, als sie wieder bei uns waren. Mit meinem Wunsch beziehungsweise Traum vom Mauerfall verließen wir nach einer Woche West-Berlin wieder.

Einige Wochen später besuchten wir Freunde, die in Hessen lebten. An einem Tag waren wir mit dem Auto unterwegs und fuhren in einem Waldbereich, in der Nähe von Fulda, ein längeres Stück an der Mauer entlang. Aufgrund der Mauerhöhe war kein Blick „nach drüben“ möglich, nur ab und zu ein Wachturm mit Besatzung zu erkennen. Das war einfach nur Wahnsinn: Mitten im Wald ging es schlicht nicht mehr weiter und kilometerweit fuhrst du an der Mauer entlang, ohne eine neue Ortschaft auf der West-Seite zu erreichen. Wie lange genau wir unterwegs waren, weiß ich nicht mehr. Aber soweit wir fuhren, solange war die Mauer zu sehen. Unvorstellbar ...

Bereits 1963 hatten meine Eltern einen Fernseher gekauft, unseren ersten eigenen Fernseher. Die neuen Möglichkeiten, die sich durch diese Anschaffung boten, glichen erst einmal einer Reizüberflutung. Ich erinnere diesen Umstand deswegen noch so genau, weil wir sahen, wie John F. Kennedy zu Besuch in Deutschland war und in West-Berlin eine Rede hielt. Und dann sagte dieser gutaussehende, sympathische US-Präsident doch tatsächlich: „Ich bin ein Berliner!“ Irgendwie sprach er damit genau das aus, was wir alle dachten und speziell auch wir, meine Eltern und ich, fühlten: Wir wollten nicht mehr in Teilung leben, sondern frei sein; wir wollten ein Volk sein; wir wollten keine Grenzen aufgezeigt bekommen, wie es in der DDR der Fall war, sondern einfach leben, wie es in West-Berlin und dem Westen generell möglich war; wir wollten das Ende der Spaltung und meine Eltern hofften, irgendwann in Freiheit wieder in Mecklenburg leben zu können. Das war ein sehr bewegender Augenblick, weil er uns aus dem Herzen sprach. Meine Mutter heulte nach dieser Rede Rotz und Wasser, mein Vater war sehr emotional und konnte seine Gefühle kaum unterdrücken und in mir kochte es ebenfalls. Umso tragischer und trauriger war es, als er später in Texas erschossen wurde. Das war ein enormer Schock, allen voran für uns junge Menschen, wie ich es damals war, weil wir so viel Hoffnung in John F. Kennedy legten und er aus unserer Sicht für eine bessere Zukunft stand. Die Älteren verbanden, so nahm ich das damals jedenfalls wahr, mit ihm ein Ende der Schwierigkeiten zwischen der Sowjetunion und dem Westen.

In den 60er Jahren entstand langsam und insbesondere bei den jungen Menschen, meist Studenten, in immer mehr Ländern der Wunsch nach Veränderung: in den USA die Bürgerrechtsbewegung der benachteiligten Afro-Amerikaner, in Frankreich und der Bundesrepublik der Wunsch nach politischen Veränderungen; insbesondere in Deutschland die Aufarbeitung der Nazivergangenheit sowie deren Folgen. Das zeigte sich nicht nur in der 68er-Bewegung, sondern vor allem in der Tschechoslowakei: Das Volk dort ging plötzlich auf die Straße und demonstrierte, dieser „Prager Frühling" ging in die Geschichte ein. Sie protestierten gegen die Abhängigkeit und für die Freiheit; für die Demokratie. Die Bürger wandten sich, angeführt vom damaligen Regierungschef der Tschechoslowakei, Alexander Dubček, gegen die große Sowjetunion, die jedoch eiskalt zurückschlug, wie sie es schon zuvor, 1956 in Ungarn und 1953 in Berlin, getan hatte. Mit ihren Panzern fuhren die Sowjets im wahrsten Sinne des Wortes die Demonstrationen einfach zu Grunde, das kann man gar nicht anders ausdrücken. Dubček wurde verhaftet und ins Gefängnis gesteckt. So erhofften sich die Verantwortlichen aus der Sowjetunion, den Aufstand ersticken zu können. Ich weiß noch, wie ich die Bilder im Fernsehen verfolgte und mir dachte: „Es endet einfach nicht, der Kommunismus ist noch zu stark." Ja, das war schon traurig!

Viele der Kollegen um mich herum fuhren nach Ost-Berlin, Prag oder Ungarn, weil sie dort für wenig Geld ihren Urlaub verbringen konnten. Für mich kam das keineswegs in Frage, weil ich viel zu viel Angst davor hatte, festgehalten und verhaftet zu werden. Wenige Dinge fürchtete ich, denn man kann schon sagen, dass ich in gewisser Weise eine Draufgängerin und durch all das Erlebte abgehärtet war. Aber in die DDR zu fahren und nicht zurückkommen zu dürfen, davor fürchtete ich mich bis in die Knochen – wie meine Eltern auch.

Jahre später reiste einer meiner Onkel, ein Bruder meines inzwischen verstorbenen Vaters, aus der DDR in den Westen aus, denn er war alt, krank, verwitwet und wollte seine letzten Lebensjahre bei meiner Mutter sowie in der Nähe seiner Schwestern verbringen – bevor es zu spät war. Und dieser Onkel, er zeigte mir damals, dass ihm eine schriftliche Bestätigung ausgehändigt wurde, womit er amtlich aus der DDR entlassen, seine Staatsbürgerschaft aberkannt und sein Ausweis eingezogen wurde. Das muss man sich mal vorstellen: Er hatte sozusagen keinen Pass, keine Staatszugehörigkeit und kein Zuhause mehr, denn er konnte ja nicht mehr zurück in die DDR. An der Grenze, als er ausreiste, untersuchten ihn die Stasi-Leute akribisch, damit er nichts dabei hatte, das er nicht dabei haben durfte – und dann war er einfach raus. Ein Wahnsinn war das!

Die Mauer beziehungsweise der Todesstreifen beeinflusste auch unser soziales Leben: Der Abstand zu meiner Verwandtschaft im Osten wurde immer größer, löste sich mehr oder weniger auf. Meine Mutter hielt ihn zu einigen Wenigen zwar noch, aber insgesamt nahm er auch bei ihr mit jedem weiteren Todesfall deutlich ab. Das war jedoch kaum verwunderlich, da wir im wahrsten Sinne getrennt waren und in verschiedenen Welten lebten. Einen einzigen Kontakt hatte ich noch; zu einem Jungen, dem ich damals bei meiner Tante in Gadebusch begegnet war. Seine Oma teilte mir bei einem Besuch im Westen mit, dass ihr Enkel gerne eine Brieffreundschaft in den Westen hätte und fragte mich, ob ich daran interessiert wäre. Ich hatte keine Probleme damit, woraufhin wir uns Briefe schickten. Allerdings wusste ich, dass seine Mutter in der Partei aktiv war, weshalb ich sehr kontrolliert schrieb, also nicht zu viele und vor allem nicht zu intime beziehungsweise tiefgehende Informationen. Die Skepsis war einfach zu groß. Meine Briefe waren freundlich, aber oberflächlich, damit er und Dritte nicht zu viel über mich erfahren konnten, das mir vielleicht zum Verhängnis hätte werden können …

Die Mutter dieses Brieffreundes besuchte meine Familie und mich im Sommer 1989. Wir schauten gemeinsam Fernsehen, als auf dem Roten Platz in Peking die Bürger gegen das kommunistische System demonstrierten. Die Panzer der chinesischen Regierung fuhren auf den Platz, um ihn zu räumen und zeigten keinerlei Gnade. Ein Demonstrant stellte sich, in der linken und rechten Hand je seine Einkaufstaschen haltend, vor den Panzer und streckte die Arme nach links und rechts aus. Und der Panzer fuhr einfach über ihn drüber, fuhr ihn einfach platt! Mein Mann und ich schauten uns fassungslos an, waren erschrocken und traurig, wussten gar nicht, was wir sagen sollten, weil das so eine grausame Szene war. Wir dachten, dass wir nicht richtig geschaut hätten. Und diese Frau, diese Mutter meines ehemaligen Brieffreundes, saß neben uns und meckerte mit vollster Überzeugung: „Das geht doch gar nicht, so ein Durcheinander. Gut, dass die Regierung dieses Zeichen gesetzt hat!" Da bin ich aus allen Wolken gefallen und beendete den Kontakt daraufhin komplett. Es war ihre Welt, in der dieses Bild und dieses Denken geschult wurde; sie war eben DDR-mäßig sozialisiert. Der Staat und die Partei sind die Entscheider, sie sind die Macht und oktroyieren dem Volk ihren Willen – wer nicht pariert, wird aussortiert, sanktioniert, wie auch immer. Sofort erinnerte ich mich an unsere Zeit in Schönberg, als genau das das Problem in der Schule und im Alltag war: Weder waren meine Eltern linientreu noch wurde ich linientreu erzogen, weshalb wir dementsprechend auch nichts mit der Partei anfangen beziehungsweise ihr etwas Positives abgewinnen konnten. Diese Haltung, die diese Mutter hatte, passte ganz und gar nicht zu uns, die im Westen in einer Demokratie lebten und leben *wollten*. Wie fern mir die DDR und das typische Denken dort waren, wurde mir in diesem Moment einmal mehr bewusst.

Mehr oder weniger gleichzeitig zu den Protesten in Peking, deren Bilder um die Welt gingen, fassten auch immer mehr Menschen in der DDR, „Bürgerrechtler" wurden sie genannt, ihren Mut zusammen und stellten sich gegen das Regime. Sie suchten Kontakt zur Presse im Westen, um auf ihre Situation in der DDR hinzuweisen. Es wurden mit der Zeit immer mehr, von denen man hörte. Sie drängte der einheitliche Wille nach Demokratie, nach freier Meinungsäußerung, nach Bewegungsfreiheit, einfach nach Freiheit!

Es blieb nicht nur bei Protesten, die „Montagsdemonstrationen" genannt wurden, sondern einige Bürger versuchten zu flüchten, die DDR irgendwie zu verlassen. Und eines Tages, das war im Sommer 1989, kam mein Mann nach Hause und fragte: „Hast du schon die Nachrichten gehört? Gyula Horn hat den Zaun öffnen lassen!" Horn, damaliger Außenminister Ungarns, hatte veranlasst, dass Löcher in den Grenzzaun zwischen Ungarn und Österreich geschnitten wurden, wodurch DDR-Bürger ihren Staat verlassen konnten. Er wurde dadurch sozusagen derjenige, der den „Eisernen Vorhang" öffnete. Abends liefen bei uns die Bilder in den Nachrichten, wie DDR-Bürger spontan zu Fuß aus Ungarn nach Österreich liefen.

In diesem Moment, als ich in den Nachrichten diese Bilder sah, sagte ich zu meinem Mann: „Ich glaube, das ist der Anfang vom Ende, denn das kriegen sie nicht mehr gestoppt!" Angefangen hatte das Ganze ja mit den Handlungen Michail Gorbatschows einige Zeit zuvor, der wohl erkannt hatte, dass der Kommunismus, wie er zu dieser Zeit bestand, keine Zukunft mehr hatte und den Kontakt zum Westen suchte. Gorbatschow kam auch nach Ost-Berlin, als das 40-jährige Bestehen der DDR im Palast der Republik gefeiert wurde, und sagte dort sinngemäß: „Wer zu spät kommt, den bestraft das Leben." Damit, jedenfalls kam es mir so vor, wollte er Honecker zu einem Umdenken bewegen, da die Montagsdemonstrationen zunahmen und mit jedem Mal größer wurden. Immer mehr DDR-Bürger riefen: „Wir sind das

Volk!" Gefühlt wurden es wöchentlich mehr und mehr Menschen, die auf die Straße gingen und sich gegen die Partei, gegen die Stasi, gegen den Staat stellten. Die DDR sah in den Medien grau und kaputt, einfach heruntergewirtschaftet aus – und dieser Frust saß tief in den Seelen der Bürger, die auf die Straße gingen.

Und dann kam der 9. November 1989. Ich saß zur Nachrichtenzeit zuhause, kümmerte mich um meine beiden kleinen Kinder und der Fernseher lief, als plötzlich die Nachrichten begannen und der Sprecher sagte, dass man nun aus der DDR ausreisen und wieder zurückkommen dürfte – problemlos. Ich saß auf dem Teppichboden im Wohnzimmer und konnte es nicht glauben. Die Ausschnitte der Pressekonferenz liefen, in der Günter Schabowski diese für mich magischen Worte sprach: „Das tritt nach meiner Kenntnis…, ist das sofort, unverzüglich." Ich traute meinen Ohren nicht, rief meinen Mann, der arbeiten war, an und sagte: „Die Grenze ist auf."

„Spinnst du?", lachte er ungläubig.

„Nein, das wurde soeben gemeldet!"

„Ich bin gleich auf dem Rückweg", sagte er und legte auf.

Mir liefen die Tränen über die Wangen, ich konnte sie nicht stoppen. Ich konnte das alles gar nicht glauben. Nun, nach 28 langen Jahren, würde die Mauer geöffnet werden? Und dadurch vielleicht auch nach 40 Jahren die DDR verschwinden? Ich konnte das nicht fassen! Welch ein historischer Moment.

Als mein Mann nach Hause kam, weinten wir gemeinsam vor Glück und meine Tochter fragte: „Was hast du denn Mama? Warum weinst du denn Mama? Und warum weint der Papa, Mama?" Ich nahm sie in den Arm und versicherte ihr, dass es Tränen der puren Freude waren, die ich in diesen Augenblicken vergoss – und es bei Papa dasselbe war.

Später am Abend liefen die Tagesthemen und der Sprecher sagte: „Im Umgang mit Superlativen ist Vorsicht geboten, sie nutzen sich leicht ab. Aber heute Abend darf man einen riskieren: Dieser

9. November ist ein historischer Tag!" Ja, das war er. Als er dann ebenfalls mitteilte, dass die Grenzen der DDR „für jedermann geöffnet" seien, übermannten mich erneut die Emotionen.

Ich dachte sofort an zwei Dinge: Einerseits an meinen Vater, der ja immer gesagt hatte, dass die Mauer eines Tages fallen und die DDR zugrunde gehen würde, weil sie mit dieser wirtschaftlichen und politischen Marschrichtung keine 40 Jahre durchhalten würde. Andererseits dachte ich an Schönberg, denn nun, da das Ein- sowie Ausreisen erlaubt war und die Stasi beziehungsweise kommunistische Regierung der DDR vor dem Aus stand, wurde eine Fahrt in meine Heimatstadt immer realistischer. Jahrzehntelang hatte ich mich damit arrangiert, dass ich nicht nach Mecklenburg konnte und vielleicht gar nicht mehr dorthin kommen würde. Und nun, an diesem Abend beziehungsweise in dieser Nacht des 9. November 1989, schien all das möglich und realistisch zu sein. Das war ungemein bewegend! Die ganzen Bilder kamen in diesem Moment wieder zum Vorschein: von meiner Kindheit in Schönberg über das Perlonkleid, die Baracke, unsere Flucht, Lübeck, Wesel und Mühlheim an der Ruhr bis hin zu meiner Abnabelung von meinen Eltern sowie den Montagsdemonstrationen, Fluchtversuchen und Aufständen. „Wahnsinn", das war dann auch *mein* Wort des Jahres 1989 – Wahnsinn.

Ich schaute die ganze Zeit Fernsehen, weil ich nicht ins Bett gehen und schlafen konnte, kein Auge hätte ich so früh zu bekommen. Stattdessen schaute ich bis tief in die Nacht Fernsehen und sah, wie die DDR-Bürger nach West-Berlin liefen und sich begrüßten: Ich hatte Gänsehaut am ganzen Körper. Sie stiegen auf die Mauer und sangen und tanzten und feierten und schienen so glücklich. Ich erinnerte mich zurück, als ich in Schönberg zur Schule ging und die Kinder manchmal gehässig sangen: „Auf der Lauer , auf der Lauer, sitzt der kleine Adenauer!" Nun aber jubelten die Bürger in Berlin auf der Mauer und sangen mit dem richtigen Text „Auf der Mauer, auf der Lauer, sitzt ne kleine Wanze". Und die Vopo schaute nur zu, weil sie nicht wusste, was sie anderes hätte tun sollen beziehungsweise können. Für meine Begriffe war dieser Tag genau das Gegenteil vom 13. August 1961, denn plötzlich war die Welt wieder in Ordnung.

Noch in dieser Nacht, während diese Bilder liefen, dachte ich jedoch, dass es mindestens eine Generation brauchen würde, bis der Westen und Osten wieder auf ein Niveau kämen, da erst einmal diese zwei völlig verschiedenen Welten zusammenwachsen mussten. Zu meinem Mann sagte ich: „Sobald die Mauer richtig weg ist, wir wieder ein Land sind und unsere Demokratie sowie unser Recht gelten, möchte ich sofort, noch am ersten Tag, nach Schönberg!"

Er schaute mich an und sagte mit voller Überzeugung: „Und genau das machen wir, auf jeden Fall!" Und ich hoffte, dass diese ganze Euphorie, diese Freude, dieser Schwung, diese Hoffnung und diese Zusammengehörigkeitsgefühle für die Anstrengungen der nächsten Jahre, für den Wiederaufbau und das Zusammenwachsen reichen würden.

# DIE RÜCKKEHR

Rund ein Jahr später, am 3. Oktober 1990, war es endlich soweit: Es war ein Moment, auf den ich jeden Monat, jede Woche, jeden Tag hin gefiebert habe, weil ich immer wieder zu mir selbst und meinem Mann sagte, dass ich erst dann nach Schönberg fahren würde, wenn wir uns ganz sicher sein könnten, dass kein einziger Stasi-Mitarbeiter oder Ex-Stasi-Mitarbeiter mich festnehmen beziehungsweise festhalten könnte. Und am 3. Oktober, am Tag der Deutschen Einheit, packten wir unsere Sachen und fuhren los. Über meine Mutter hatte ich Kontakt zu unserer Verwandtschaft, einer entfernten Cousine, die in der DDR lebte und nach dem Mauerfall immer noch in der selben Gegend wohnte, aufgenommen und eine Bleibe für meinen Mann, mich und unsere beiden Kinder erbeten.

Wir fuhren mit dem Auto nach Lübeck und von dort aus nach Bad Schwartau, dann Richtung Osten nach Schlutup und schließlich genau den Weg, den meine Mutter und ich am 13. April 1960 gegangen waren – unseren Fluchtweg. Wir fuhren über die Landstraße Richtung Selmsdorf und dann auf die Bundesstraße 104 nach Schönberg. Schon, als wir von Zuhause los und nach Lübeck fuhren, hatte ich Gänsehaut. Mein Körper schüttelte sich mehrfach, ich war aufgeregt und sehr emotional. Mal weinte ich, mal lachte ich, weil es so bewegend für mich war. Mein Mann versuchte, mich zu unterstützen und abzulenken, aber das war kaum möglich – verständlich. Nach knapp 40 Jahren war ich zum ersten Mal auf dem Weg zurück an meinen Geburtsort, meine Kindheitsstadt, den Startpunkt meines Lebens. Zum ersten Mal ging es für mich zurück zu meinen Wurzeln und dabei eben auch nach Schönberg.

Als wir den ehemaligen Grenzübergang passierten, sah es anders aus als bei unserer Flucht: Neue Bauten waren errichtet worden, unter anderem fiel ein großes, breites Gebäude auf, das einerseits wie ein Kontrollgebäude aussah und andererseits vor allem deshalb meine Aufmerksamkeit erregte, weil die Scheiben zerschlagen waren. Es waren wirklich alle Fenster kaputt, als hätte jemand mit Absicht alles demoliert oder als sei eine Party außer Kontrolle geraten und willkürlich gepöbelt worden. Die Straße, das Grenzgebiet und die Grenzübergänge selbst waren fast komplett frei, anscheinend waren sie seit dem 9. November bereits geräumt worden. Jedenfalls konnte man problemlos fahren, ohne von einem Zaun, einer Schranke oder Ähnlichem aufgehalten zu werden. Der Verkehr lief in den zurückliegenden Monaten ja auch schon wieder über diese Straße, die Mecklenburg-Vorpommern, also die jetzt ehemalige DDR, und den Westen miteinander verband. Die Wachhäuschen, die ich von unserem Fluchtmarsch in Erinnerung hatte, existierten nicht mehr, waren nirgends zu sehen. Und in dem Moment, in dem wir nach Mecklenburg fuhren, also wieder im ehemaligen DDR-Gebiet waren, sah ich plötzlich ganz viele Erinnerungen und Bilder von der Flucht vor mir; den russischen Soldaten, die Eier, die Leere, meine Mutter, die winkende Frau Venske mit ihren Tränen. Gleichzeitig suchte ich die ganze Zeit nach dem Wasser, das ich damals gesehen hatte, während wir in den Westen gingen. Nun, im Auto sitzend und aus dem Fenster schauend, konnte ich es nirgends sehen. Allerdings kann es auch sein, dass ich es schlicht nicht sah, weil ich weinte und auf so viele Dinge achtete, dass ich in dem Moment, als das Wasser zu sehen war, vielleicht in eine andere Richtung schaute; vielleicht verlief der Weg nun auch etwas anders und weiter weg vom Wasser, ich weiß es nicht mehr. Die Trave konnte ich auf alle Fälle nicht sehen. Dafür war es viel grüner als vor 39 Jahren.

Schönberg lag dann mehr oder weniger direkt vor uns, doch wir entschlossen uns dazu, zunächst nicht nach Schönberg zu fahren, weil ich zu meinem Mann sagte, dass ich nach all diesen Eindrücken eine Pause benötigte und nicht auch noch sofort in Schönberg sein könnte. Mir war richtig schlecht, also übel, aufgrund der ganzen Erinnerungen und Bilder, die einerseits hochkamen und andererseits nun sichtbar wurden. Ich benötigte wahrhaftig eine Verschnaufpause zum Durchatmen, weswegen wir Schönberg nördlich umfuhren und über die kleinen Dörfer weiter Richtung Osten tuckerten, bis wir nach Grevesmühlen gelangten. Und es war entsetzlich, wie es dort aussah: Alles war grau, alles war ärmlich und heruntergekommen, die Straße war in einem untragbaren Zustand, uneben und mit Schlaglöchern vom Feinsten ausgestattet. Man konnte ziemlich genau erahnen, wie es hier in den letzten Jahren der DDR-Zeit wirtschaftlich bergab und in den Keller gegangen war. Das hatte schon etwas von einer Art Geisterstadt, die verlassen und verfallen wirkte. Zudem sahen wir kaum Menschen, die Straßen waren wie leer gefegt. Von Grevesmühlen aus bogen wir in Richtung Norden ab, um an die Ostsee zu gelangen, und jede Ortschaft, die wir auf unserem Weg durchfuhren, sah aus wie Grevesmühlen: trostlos, arm und einsam; ja, diese Worte beschrieben das Ganze am besten.

Am nächsten Tag fuhren wir nach Wismar, also noch weiter Richtung Osten und ganz nah an die Ostsee heran. Mir war dieser Ausflug sehr wichtig, da mein Vater als Soldat vor dem Zweiten Weltkrieg ja dort in der Kaserne stationiert war. Mich interessierte einfach, wie es dort aussah, ob die Kaserne noch stand und überhaupt ... Mir fiel zunächst auf, wie viele Schilder in Wismar standen, die darauf hinwiesen, dass man im Bereich der ehemaligen Kaserne keine Fotos schießen durfte. So richtig einordnen konnte ich dieses Verbot nicht. Das Gebäude selbst war unspektakulär und sah aus, wie die meisten anderen Kasernen, die ich bis dato gesehen hatte. Hineingehen konnte ich nicht, was ich schade fand, allerdings erfuhren wir später, als wir beim Mittagessen mit einem Wirt sprachen, dass noch russische Soldaten in dieser Kaserne quartiert wären und deswegen jedweder Zutritt verboten sei.

In der Altstadt, die wir nach dem Essen besichtigten, passierten wir unter anderem eine Kirchenruine – und so etwas hatte ich bis zu diesem Augenblick noch nie zuvor gesehen: Es war eine Ruine, deren Schiff und Turm stark zerstört waren. Man sah zwar, dass es eine Kirche war, aber sie war doch sehr ramponiert. An der Ruine, aus den Mauerfugen, wuchsen Pflanzen und Bäume. Birken wuchsen aus dem Gemäuer heraus, Pflanzen rankten über und entlang der Mauern und Wände; Wahnsinn. Besonders meine Tochter staunte. „Mama, da wachsen ja Bäume auf der Kirchruine“, sagte sie fassungslos. Diesen Anblick der Kirche St. Georgen, die im Laufe der Jahre durch viele Spendengelder restauriert und wieder aufgebaut wurde, habe ich bis heute nicht vergessen.

Dann begaben wir uns auf den Weg zurück nach Grevesmühlen, da wir am Tag zuvor nicht allzu viel von der Stadt gesehen hatten, weil wir lediglich durchgefahren, aber nicht ausgestiegen waren. Diesmal parkten wir das Auto und bummelten ein wenig durch die Stadt. Mich interessierte, wo meine Großmutter damals gewohnt hatte, jedoch fand ich das Haus nicht mehr wieder. Über das Kopfsteinpflaster liefen wir durch die Stadt und alles, wirklich alles, war grau, ärmlich und heruntergekommen. Wenn man so möchte, hat einen die „pure Not“ angeschaut. Mein kleiner Sohn, eineinhalb Jahre jung, bückte sich während des Spaziergangs so unglücklich, dass seine Hose, sein gesamter Hintern nass waren. Also gingen wir in ein Kleidungsgeschäft, um eine neue Hose zu kaufen, weil wir keine Ersatzhose im Auto hatten und nicht wollten, dass er mit feuchter Hose weiter durch die Stadt laufen musste. Sofort fing uns der Umstand, dass wir in der ehemaligen DDR waren, wieder ein, denn mal eben eine Hose für mein kleines Kind zu kaufen, war überhaupt nicht einfach. Wir suchten ein anderes Geschäft auf, weil das erste uns nicht weiterhelfen konnte, aber auch dieses hatte keine Hosen für kleine Kinder. Im dritten Laden wurden wir schließlich fündig, was meine Tochter überraschte. Sie konnte nicht begreifen, dass es Bekleidungsgeschäfte gab und in diesem Fall ja gleich zwei, in denen man keine Hosen für kleine Kinder kaufen konnte. So etwas kannte sie aus ihrer Heimat, aus dem

Westen, schlicht nicht – woher auch? Ich versuchte, ihr alles so gut wie möglich zu erklären, aber so richtig konnte sie das natürlich nicht verstehen. Wir fanden schließlich eine kleine Stoffhose, aber keine Unterhose. Meine Tochter fragte, dieses Bild habe ich auch noch vor mir, die Verkäuferin: „Warum haben Sie denn eine Stoffhose, aber keine Unterhose für meinen kleinen Bruder?“ Ich erklärte ihr, als wir weiter durch die Stadt gingen, nochmals die Situation und Zusammenhänge. Und schließlich fanden wir ein Geschäft, das auch Unterwäsche für Kinder führte. Tja, so war das damals ...

Auf dem Weg zurück in unsere Unterkunft stoppten wir zum Abendessen in einem kleinen Dorf und gingen in ein Lokal. Wir hatten einen Vierertisch am Fenster, in der Ecke des Speisesaals gelegen. Eine Speisekarte gab es nicht, sondern nur drei Gerichte, aus denen man wählen konnte. Zutrinken gab es ebenfalls nur wenige Optionen; Wasser, zwei Saftsorten, Schnaps und Bier. Das war typisch für diese Zeit, denn die Leute hatten nichts und mehrere Sorten von einem Lebensmittel gab es nicht. Ein Problem stellte dieser Umstand für uns nicht dar, wir wussten ja vorher darum. Es ereignete sich jedoch eine sehr unangenehme Szene: Neben uns saß ein Ehepaar, das ebenfalls aus dem Westen kam. Der Mann öffnete, als er bezahlte, seine Brieftasche und zog einen 200-Mark-Schein heraus. Zuvor hatte sich dieses Paar auffallend arrogant und unsympathisch gegeben, die mangelnde Menü-Auswahl und schlichte Einrichtung kritisiert, doch die Krönung folgte erst jetzt: Er hielt den Schein in der Hand, schaute die Bedienung an und glättete den Schein mit seinen Fingern, sodass die Bedienung den Schein ansehen musste. „Haben Sie schon einmal einen 200-Mark-Schein gesehen?“, gab er sich protzig und fügte hinzu: „So sieht einer aus!“ Diese Szene war uns, die ja nur einen Tisch weiter saßen und hörbar ebenfalls aus dem Westen kamen, so peinlich, dass mich mein Mann zurückhalten musste, um eine Diskussion zu verhindern. Der Kellner wurde knallrot und danach kreidebleich im Gesicht, händigte das Wechselgeld aus und zog sich umgehend in die Küche zurück. Triumphierend und weiterhin arrogant verließ das Ehepaar das Lokal. Als wir einige Minuten später zahlten und der Kellner zu uns kam, suchten wir seinen Blickkontakt und entschuldigten uns. „Tut uns leid! Wir sind nicht alle so im Westen“, sagte ich. Die Bedienung nickte, lächelte verlegen und sagte dann, dass er sich dies schon gedacht hätte, man die Menschen aber nicht ändern könnte ...

Und dann hatten wir noch ein anderes Erlebnis, nämlich als wir am nächsten Tag nach Schwerin fuhren. Es war der vorletzte Tag für uns, am nächsten würde es über Schönberg wieder zurück nach Hause gehen. Mit den Kindern bestiegen wir eine kleine Fähre, um eine Rundfahrt auf dem Schweriner See zu unternehmen. Ein Mann der Besatzung kam nach dem Ablegen des Schiffes an unseren Tisch und bot uns Verpflegung an: eine Bockwurst, ein Eis oder eine Tasse Kaffee. An unserer Kleidung und unserem Dialekt hatte er schnell erkannt, dass wir aus dem Westen waren. Er erklärte, nachdem wir zwei Tassen Kaffee bestellt hatten: „Der Kaffee hier ist aber nicht so, wie Sie ihn kennen.“

Ich grinste: „Ich weiß, kein Problem!“

Da lächelte er überrascht und ging den Kaffee holen.

Mein Mann schaute etwas verdutzt und konnte nicht ganz nachvollziehen, was gemeint war. Als ich ihm, als der Kaffee serviert wurde, empfahl, nicht umzurühren, wie er es bei uns normalerweise tat, verstand er jedoch. Damals packten die Leute das Kaffeepulver nämlich in die Tasse und schütteten das heiße Wasser darauf, sodass man, wenn man denn umrührte, das Pulver trank. Man musste daher nach dem Umrühren warten, damit das Pulver sich unten setzte und nicht durch die Tasse wirbelte. Ja, das war so eine Erfahrung. Meine Tochter staunte und machte große Augen, mein Sohn war noch zu klein, um das zu verstehen.

Als wir später durch die Stadt spazierten, kamen uns plötzlich viele, blutjunge russische Soldaten in ihren Uniformen entgegen. Bei mir erzeugte diese Begegnung auf offener Straße ein ganz komisches, beklemmendes Gefühl. Ein Schauer lief über meinen Rücken und ich fühlte mich plötzlich wieder zurückversetzt in meine Kindheitstage. Ich empfand Mitleid für diese Jungs und wünschte ihnen, dass sie schnell nach Hause kommen würden, um wieder in ihrer Heimat zu sein. Gleichzeitig fühlte ich aber auch, dass ich endlich einen Schlussstrich unter diese ganze Geschichte ziehen wollte und mir wünschte, dass diese Soldaten allesamt raus aus Deutschland beziehungsweise dem Gebiet der ehemaligen DDR sollten, damit ich sie nicht mehr sehen musste; komisch, denn ich lebte ja gar nicht mehr dort.

Ganz komisch war diese Begegnung, das kann ich kaum beschreiben. Ich denke, dass auf der einen Seite meine Erinnerungen an die Gespräche mit meinem Vater, an die Rolle der Sowjetunion im Zweiten Weltkrieg und danach in der DDR eine zentrale Rolle für dieses Empfinden spielten. Und auf der anderen Seite war da, automatisch wenn ich solche Uniformen sah oder die Sprache hörte, diese Art Schockstarre in mir, die ich fühlte, als meine Mutter und ich während unserer Flucht von dem russischen Soldaten angehalten wurden. Das ließ mich einfach nicht los. Vielleicht kann man diese Gefühle der Angst vor (russischen) Uniformen und staatlicher Kontrolle nur nachvollziehen, wenn man sie selbst erlebt hat. Jedenfalls erzeugte dieser Anblick trotz der vielen Jahre, die zwischen meinem Leben in der DDR und meiner Rückkehr lagen, immer noch sehr große Emotionen und Unwohlsein bei mir.

# DAS WIEDERSEHEN

Nachdem wir an diesen drei zurückliegenden Tagen alle Strecken, von denen mir meine Mutter immer erzählt hatte, abgefahren waren, ging es an unserem letzten Tag nach Schönberg, um von dort aus wieder zu uns in den Westen zu fahren. Mich berührte dies alles, da ich zum ersten Mal sah, wo meine Großeltern gewohnt und gelebt hatten, in den meisten dieser Ortschaften war ich zuvor nämlich noch nie gewesen. Auf dem Weg nach Schönberg fuhren wir durch das Dorf Rambeel, in dem meine Mutter geboren wurde und aufgewachsen war, von ihrem Bauernhof war jedoch nichts mehr zu sehen; wo die Gebäude früher gestanden hatten, hatte sich nun eine Wiese ausgebreitet. Auch in dem Dorf, in dem meine Tante Herta ihren Bauernhof hatte, stand nichts mehr, lediglich zwei Ruinen ...

Wir fuhren raus aus dem Dorf und die nächste Station sollte dann Schönberg sein, doch dieser Weg war ein ganz besonderer – und schwieriger! Mein Mann fuhr und irgendwann fragte er, ob wir wirklich auf dem richtigen Weg wären. Grund dafür war die Beschaffenheit des Weges, der nach einigen Minuten gar keine Straße und auch kein Weg mehr war, sondern lediglich ein Steinpfad. Die Steine ragten teils so hoch heraus, dass wir mit dem Auto äußerst langsam und kurvenreich fahren mussten, um nicht aufzusetzen. Ein Schlagloch folgte dem nächsten, Pflastersteine säten den Pfad und um uns herum war nichts, aber auch rein gar nichts! Wir waren vollkommen allein auf der Straße, weit und breit waren weder Mensch noch Tier noch irgendein Leben zu erblicken, höchstens mal ein Vogel oder ein paar Insekten. Das wurde zu einem richtigen Abenteuer, denn irgendwann waren wir so weit gefahren, dass wir nicht mehr umdrehen wollten;

mal ganz davon abgesehen, dass wir dies auch nicht konnten, denn der Rückweg wäre ja ebenso heikel und herausfordernd zu befahren gewesen, wie der bisherige es schon war – und Platz zum Wenden existierte nicht. „Bist du dir sicher, dass dies der richtige Weg nach Schönberg ist?", fragte mein Mann entsetzt.

„Ja", antwortete ich ratlos und zeigte auf die Straßenkarte: „Hier, er ist als Verbindung zwischen zwei Dörfern eingezeichnet."

Mein Mann schüttelte überrascht den Kopf und konzentrierte sich auf das Fahren, das wirklich nur in Schrittgeschwindigkeit möglich war. Für unsere beiden Kinder war es ein Ereignis, sie freuten sich über jeden kleinen Hüpfer, den das Auto, bedingt durch die Löcher und herausstehenden Steine, mitmachte. Mein Mann und ich suchten derweil immer wieder den Blickkontakt zueinander, immer mit demselben, fragenden Ausdruck: „Schaffen wir das? Hoffentlich passiert jetzt nichts mit dem Auto!" Und: „Hoffentlich ist dieser Spuk hier gleich vorüber!" Denn wer hätte uns dort, in diesem Niemandsland schon finden sollen? Ein Handy gab es damals ja nicht.

Das Merkwürdige war auch, dass die Steine, je mehr Meter wir fuhren, immer größer wurden. Irgendwann fuhren wir über Steine, die wie Hinkelsteine aus Asterix und Obelix aussahen. Außerdem hatten sich links und rechts neben dem Pfad so tiefe und breite Regenkuhlen gebildet, dass man ab einem gewissen Punkt gar nicht mehr auf den Acker fahren beziehungsweise wenden hätte können. Wir waren gezwungen, den Weg nun durchzufahren, um in das nächste Dorf zu gelangen. Wie lange genau wir nur auf diesem Pfad unterwegs waren, weiß ich nicht mehr, aber es waren definitiv über 45 Minuten, denn ich kann mich noch daran erinnern, dass mein Mann irgendwann entsetzt sagte: „Das geht jetzt schon über eine halbe Stunde so. Kommen wir irgendwann auch mal an?"

Das war ein Erlebnis. Das war ein kleines Abenteuer, das schließlich hinter uns lag. Nass geschwitzt saß mein Mann mit einem breiten Lächeln am Steuer, als wir wieder einen normalen Straßenboden unter den Reifen spürten, und meine Tochter rief: „Toll! Fahren wir diese Straße auch zurück?" Tja, Kinder. Im Nachhinein begriff ich, dass dieser Pfad der sogenannte „Steindamm" war, von dem ich als Kind schon gehört hatte. Es handelte sich dabei um einen kaum genutzten Pfad, auf dem früher die Pferdewagen unterwegs gewesen waren, den jedoch alle, die um ihn wussten, mieden, weil er eben kaum befahrbar war.

Wir entschieden, als nächstes nach Kirch Grambow zu fahren, weil dort ja mein Vater gelebt hatte und ein ganz besonderer Friedhof lag, in dessen Kirche ich früher, bevor wir flüchteten, sehr gerne gegangen bin, weil sie so klein und anders war. Als kleines Kind hatten mich meine Eltern häufig dorthin mitgenommen, weil wir Verwandtschaft in Kirch Grambow hatten und sie die Kirche auch mochten; schließlich hatten sie dort ja auch geheiratet. Damals gab es noch alte Gräber meiner Urgroßeltern, die auf diesem Friedhof begraben lagen. Noch dazu erinnerte ich mich an die Aussicht, die man von diesem Friedhof hatte: Er lag auf einer kleinen Anhöhe, wirklich nur ein kleiner Hügel, und wenn man auf ihm stand, schaute man den Hügel hinunter auf einen kleinen See, an dessen Ufer ein Schlösschen stand. Dort oben auf dem Hügel stand ich als kleines Kind unheimlich gerne, um auf diesen kleinen See und dieses Schlösschen zu schauen, weil es etwas Märchenhaftes hatte. Der Friedhof und damit auch Kirch Grambow waren jedoch noch aus einem anderen Grund sehr wichtig für mich, denn vor dem Friedhof, auf dem Parkplatz sozusagen, standen fünf große Steine, bestimmt um die 1,50 Meter hoch. Und in diesen Steinen standen die Namen der Männer aus Kirch Grambow und dem Kirchenbereich, die für Deutschland im Ersten Weltkrieg gefallen waren, vermisst wurden sowie nie wieder aufgetaucht waren. Unter anderem war dort auch der Name meines Großvaters eingearbeitet, weswegen es mir zusätzlich wichtig war, an diese Erinnerungsstätte zurückzukehren.

Das hat mich doch sehr, sehr berührt, dann dort zu stehen, als erwachsene Frau, sogar als Mutter, 30 Jahre nach meiner Flucht, 41 Jahre nach Gründung der DDR, 45 Jahre nach dem Ende des Zweiten Weltkrieges sowie 72 Jahre nach dem Ende des Ersten Weltkrieges;

und dann diese Steine zu sehen, den Namen meines Großvaters zu lesen. Meine Erinnerungen an diesen Friedhof sowie die Steine waren noch sehr gut und das Bild, das ich nun bei meiner Rückkehr sah, stimmte mit ihnen überein. Fast alles sah noch so aus wie damals, als ich ein kleines Kind gewesen war. Nur das Grün war mehr geworden, einige Büsche und Bäume waren gewachsen, die den Charakter des Gesamtbildes jedoch keinesfalls entscheidend veränderten ...

Persönlicher Kontakt nach Kirch Grambow, also zu Verwandten, existierte nicht mehr, weshalb wir nach kurzer Zeit weiter nach Schönberg fuhren. Und als wir auf die Straße einbogen, die nach Schönberg führte, fühlte ich plötzlich diesen Schauer wieder, der mir über den Rücken lief; so, wie es auf der Hinfahrt ein paar Tage zuvor bereits der Fall gewesen war und weswegen wir um Schönberg herumgefahren waren. Nun aber fuhren wir keinen Umweg, sondern direkt nach Schönberg. Und es kam mir vor, als würde ich den Weg durch die Augen sehen, die ihn schon einmal gesehen hatten; vor rund 30 Jahren, als ich noch ein Kind war. Die Straßen und Wege, alles kam mir bekannt vor. Wir parkten das Auto auf dem Marktplatz und gingen sozusagen meinen alten Schulweg ab. Und alles, aber auch wirklich alles, war genau so wie ich es in Erinnerung hatte! Man ging vom Marktplatz aus den Berg hinunter und über eine Brücke, dann zog sich die Straße sehr lang in Richtung der ehemaligen Molkerei. Wir gingen Meter um Meter und mir war wirklich komisch zumute, weil alles so sehr meinen Erinnerungen glich.

So erreichten wir die Fritz-Reuter-Straße, Ecke Schlauentrift, und standen plötzlich an der Stelle, wo das Haus, in dem wir bis 1960 gelebt hatten, gestanden hatte – jedoch erkannte ich es nicht wieder. Ob es ein komplett neues Haus war, das nun dort stand, oder schlicht das alte umgebaut worden war, kann ich nicht sagen. Jedenfalls sah dieses Haus, das nun dort stand, neuer aus, war größer und höher als das unsere, frühere. Ich schüttelte den Kopf: Ausgerechnet unser Haus war nicht mehr da, wo doch ansonsten alle prägnanten Erinnerungen noch gleich waren und sich nichts wirklich verändert hatte. Weder ging ich hinein noch schaute ich, wer nun dort wohnte. Ich hatte einfach nicht das Bedürfnis, dies herauszufinden. Ebenfalls überprüfte ich nicht, ob der Hof, in dem unser Stall sowie die Waschküche gestanden hatten und die Wäsche getrocknet wurde, noch existierte. Mir war es wichtig, zurückzukehren und das Ganze nochmals sehen zu können, aber eintreten und sozusagen zurück in mein altes Leben zu tauchen, das wollte ich nicht. Ich wollte meine Erinnerungen behalten und sie nicht durch neue Erfahrungen verwischen.

Stattdessen gingen wir die Straße mit Kopfsteinpflaster, wie sie es 1960 ebenfalls getragen hatte, weiter, vorbei an der ehemaligen Gaststätte, in der ich früher das Bier in einem Glaskrug für meinen Vater geholt hatte. Die Gaststätte war geschlossen, sah aber noch intakt aus. Es folgte die Bäckerei, zu der meine Mutter früher ihren Kuchen zum Backen gebracht hatte, in die wir nun ebenfalls nicht eintraten, und die Schmiede, die schon damals existierte. Am Ende der Straße, wo damals das kleine Geschäft mit Spielwaren gestanden hatte, stand immer noch dieses Gebäude mit einem Geschäft.

Es war alles so, als wäre ich nie weg gewesen. Nur eines war deutlich unterschiedlich: meine Gefühlslage. Es fühlte sich nicht nach Heimat und nicht nach „nach Hause kommen" an, sondern vielmehr nach einem Zurückkommen in meine Geburtsstadt, an eine Rückkehr an den Ort meines ersten Lebensabschnittes. Heimatgefühle wurden bei mir nicht wirklich geweckt, da der Schatten der DDR mit all seinen dunklen Begleiterscheinungen wie Außenseiterrolle, Hänseleien und Ausgrenzung über allem lag. Noch dazu hatten die vielen Jahre im Westen eine große Distanz zu meiner alten Welt geschaffen. Ich war hier nun eine Fremde.

Wir gingen den Berg wieder hinauf zurück zum Marktplatz an der Kirche, wo ich früher mit meinem Vater an Weihnachten abends hinging, um die Blasmusiker zu sehen, die auf dem Kirchturm standen und Weihnachtslieder spielten. Ich erzählte meinem Mann und meinen Kindern, wobei mein Sohn natürlich noch zu klein war, um es zu verstehen, von meinen Kindheitserinnerungen und vor der Kirche sagte meine Tochter: „Mama, wie kann das sein: Du warst jetzt so lange nicht mehr hier und trotzdem kennst du alles."

Ich musste lachen: „Es hat sich eben nichts verändert."

Verstehen konnte sie das nicht richtig, aber das war ja auch nachvollziehbar. In diesem Moment schaute ich sie sehr lange an, weil ich die Situation so faszinierend fand: Ich war neun Jahre alt, als wir 1960 aus Schönberg in den Westen flohen und feierte einige Monate später meinen 10. Geburtstag. Und nun, nachdem ich über 30 Jahre lang nicht mehr in Schönberg gewesen war, stand ich auf dem Marktplatz mit meiner Tochter, die zehneinhalb Jahre jung war. Diese Parallele, die eigentlich gar keine war, beschäftigte mich die ganze Zeit, während wir durch Schönberg gingen ...

Wir stiegen wieder ins Auto und fuhren los, vorbei an meiner ehemaligen Schule, die ebenfalls wie damals aussah, mit ihrer Mauer, die um den Schulhof ging, und dem großen Gebäude an der Straße, dem Schulhof und dem alten Kasernengebäude nebenan. Und dann lag sie vor uns, die besagte Brücke, über die man früher nicht fahren durfte. Sie sah aus wie eh und je. Ich schaute meinen Mann an und griff nach seiner rechten Hand. Er hielt inne und wartete auf meine Worte, doch mir liefen nur die Tränen über die Wangen. Ich schaute ihm tief in die Augen, dann zur Brücke und er verstand, hatte ich ihm doch ausreichend von dieser Brücke berichtet. Ein einziges Mal war ich bislang in meinem Leben über diese Brücke gefahren und es war die bis dahin wohl wichtigste Fahrt meines Lebens gewesen. „Lass uns fahren", forderte ich meinen Mann auf.

Ich hatte meinen Frieden mit der Vergangenheit insofern geschlossen, als dass ich zurückgekehrt und mir alles angesehen hatte. Das Gefühl, nicht dort sein zu wollen, war sehr stark. Ich spürte, dass ich hier nun eine Fremde war, ebenso wie es in meinen ersten Jahren im Westen auch der Fall gewesen war. Zwar spürte ich auch, dass ich in Mecklenburg weiterhin verwurzelt war, weil meine Vorfahren eben von hier stammten, doch Heimat war nun etwas *in* mir, nämlich meine Erinnerungen, meine Vorfahren – über die ich mein Leben lang viel zu wenig wusste –, die Mentalität, der Dialekt und einige Gewohnheiten. Hier gehörte ich nicht mehr hin, das fühlte ich sehr deutlich. Für mich war das Ganze, dieser Besuch und diese Tour der letzten Tage durch Mecklenburg, der Abschluss meiner abgebrochenen Kindheit. Alles so zu sehen, wie ich es in Erinnerung hatte, freute mich, weil ich seit der Flucht zu viele Menschen kennengelernt hatte, die berichteten, dass sie nach ihrer Flucht zurückgekehrt und nichts mehr wiedererkannt beziehungsweise wiedergefunden hätten. Für mich war es eine Wunde, die offen war, weil ich damals so unwissentlich aus meiner Kindheit in Schönberg herausgerissen wurde. Deshalb war es gut, zurückzukommen und mit allem sozusagen abzuschließen. „Jetzt ist gut", sagte ich zu meinem Mann, der meine Hand zustimmend drückte. Und so wurde ich – zum zweiten Mal – über diese Brücke raus aus Schönberg gefahren.

Zwei weitere Mal kehrte ich anschließend noch nach Berlin zurück: 1991 hatte ich das große Glück, dass mich ein damaliger Bundestagsabgeordneter zu einer Bürgerreise nach Berlin einlud. Mir hat es eine solch enorme Freude bereitet, im Bereich des Potsdamer Platzes an den vielen Überresten der abgerissenen Mauer entlanggehen zu können. Ich besuchte den Neptunbrunnen, die Museumsinsel, das Rote Rathaus und den Berliner Dom, ging durch das Nikolaiviertel und – wie ich es mir drei Jahre zuvor gewünscht hatte – bummelte „Unter den Linden". Und selbstverständlich ging ich dann auch noch durch das Brandenburger Tor! Als ich dort stand, konnte ich mir einen Gruß an meinen toten Vater nicht verkneifen und lächelte: „Vati, du hast ein zweites Mal recht behalten mit deiner Einschätzung!"

Das letzte Mal besuchte ich Berlin im Jahr 2009 anlässlich eines Betriebsausfluges. Es stand nur noch ein kleiner Teil der Mauer als Denkmal; ein „eisernes Band" zog sich durch die Stadt, wo einst die Mauer gestanden hatte. Immer noch unvorstellbar, dass hier eine Mauer als Trennung zwischen zwei Staaten und einer Stadt gestanden hatte. Aufgrund meiner Eindrücke dachte ich: „Augenscheinlich wächst zusammen, was zusammen gehört." Bei diesem Besuch bin ich ganz bewusst und in Gedanken an meinen Vater sowie seine Aussagen zum Mauerbau beziehungsweise der Existenz der DDR und unserer Flucht durch jeden einzelnen Bogen sowie um jeden „Pfeiler" des Brandenburger Tores gegangen, um dieses Gefühl von Freiheit und Freude – trotz der vielen Trauer um die Toten und Festgenommenen – zu genießen. Ein unbeschreibliches Gefühl. Ich lachte vor Freude und gleichzeitig liefen mir die Tränen über die Wangen.

# NACHWORT

Die Sonne ist schon lange untergegangen, drei Kannen Tee sind getrunken und die Tüte mit den Hefeteilchen ist leer, Karoline nickt emotional und schaut mich an. „Ja, so war das." In den zurückliegenden Stunden hat sie mal herzlich gelacht, mal bitterlich sowie verletzt geweint, mal andächtig geschwiegen, mal verwundert sowie voller Unverständnis den Kopf geschüttelt, ein emotionales Auf und Ab preisgegeben, aber irgendwie immer positiv und unbeschreiblich authentisch gesprochen.

Ich bin sprachlos aufgrund dieser Geschichte, dieser Erlebnisse, dieser Erinnerungen, dieser Schilderungen. Ihre Narbe am Hals rückt in den Fokus meines Blickes, irgendwie ein Symbol für ihren Lebensweg: Sie ist groß, muss schrecklich geschmerzt und geblutet haben, ist zugewachsen, aber bis heute sichtbar; sie trägt sie mit sich, immer und überall – wie ihre Flucht-Geschichte und alles, was damit zusammenhängt. Mit voller Ehrlichkeit spreche ich aus, was ich denke: „Ich bin überwältigt."

Sie grinst herzlich, steht auf und geht zu den Regalen im Wohnzimmer, kommt mit einem Fotoalbum zurück und zeigt mir Bilder von sich, ihren Eltern, einem Taxi, von Bauernhäusern und Landschaften. Es sind die einzigen Bilder von damals. Zwischen den Seiten liegt auch ein kleiner Zettel, der beim Durchblättern beinahe herausfällt. „Ach, das ist der Ausweis meines Vaters, als er damals nach West-Berlin fuhr", sagt sie überrascht.

„Darf ich mal sehen?", frage ich.

Sie reicht ihn mir: „Selbstverständlich."

„So sieht der also aus." Während ich ihn in meinen Händen halte, verdecke ich mit meinem Daumen den Beruf und halte ihn vor eine imaginäre Person. Karoline stellt überrascht fest: „Genau das habe ich auch gerade gedacht!" Ja, so muss Alwin, ihr Vater, den Pass damals in der Bahn gehalten haben, als er kontrolliert wurde ...

Nach einem abschließenden Smalltalk bedanke ich mich ausführlich und verabschiede mich. Als ich schon im Treppenhaus stehe und die erste Stufe betrete, fragt Karoline: „Meinst du denn wirklich, dass jemand diese Geschichte lesen möchte? Ich bin doch keine Berühmtheit."

„Davon bin ich überzeugt! *Diese* Geschichte ist es nämlich wert!"

Auf dem Heimweg schwirren die Bilder in meinem Kopf, die Vorstellungen, die Personen, die Vorkommnisse – einfach alles. Als ich bei mir eintreffe, schaue ich in den Spiegel des Badezimmers. „Hast du es gut", denke ich. „Du musst nicht durch das Treppenhaus gehen, wenn du in die Küche oder das Wohnzimmer möchtest; musst nicht durch den Hof in die Kälte, wenn du auf die Toilette möchtest; musst nicht heimlich, still und leise Radio hören." Ich begebe mich an den Schreibtisch und beginne noch in dieser Nacht zu schreiben ...

Einige Monate und diverse Telefonate mit Karoline später setze ich mich an einem frühen, klaren Sommermorgen ins Auto, um nach Schönberg zu fahren. Ich möchte den Ort, an dem alles begann, besuchen und mir anschauen, wie es dort aussieht; gewissermaßen auf Spurensuche in Karolines Geburtsstadt gehen. Und so begebe ich mich auf den Weg nach Mecklenburg-Vorpommern, um am nächsten Tag, dem 13. April 2020, also exakt 60 Jahre nach Karolines Flucht aus der DDR, nach Schönberg zu fahren. Während ich hunderte Kilometer auf der Autobahn hinter mich bringe, lausche ich dem Radio und male mir aus, wie es wohl in Schönberg aussehen wird. Zum letzten Mal, das ist mir bewusst, wird mir meine Vorstellungskraft eine Umgebung liefern, denn bin ich erst einmal dort gewesen, werden die Bilder in meinem Kopf teilweise durch die realen Verhältnisse ersetzt werden …

Als ich am 13. April vormittags am Schönberger Marktplatz ankomme, herrscht Ruhe auf beziehungsweise in den Straßen. Kaum jemand ist unterwegs, die Geschäfte und Läden sind geschlossen. Die Kirche, auf deren Turm an den Weihnachtstagen die Musikanten standen, denen Karoline mit ihrem Vater zuschaute und zuhörte, sieht wirklich schön aus – klein, aber fein. Hinein trete ich nicht, stattdessen fahre ich von ihr weg und biege am Ende des Marktplatzes rechts in die Fritz-Reuter-Straße ein. Es sind vielleicht 300 Meter, auf denen die Straße ein wenig bergab verläuft, bis zur Ecke, an der die Schlauentrift rechts abgeht. Mit dem Auto kein sonderlich langer Weg und dennoch ausreichend für meine Fantasie, um für ein paar Momente abzutauchen. Ich versuche mir vorzustellen, wie Karoline hier als kleines Mädchen herumgelaufen sein muss; wie sie mit ihren Spielkameraden Fangen und Verstecken spielte; wie es wohl ausgesehen haben muss, damals. Hinter der Hoftür eines der Häuser auf der linken Seite streiten sich drei schwarze, zottelige Hunde mit gespitzten Ohren um den vordersten Platz, als ich das Haus passiere. Sie kläffen und fletschen die Zähne, geben mir deutlich zu verstehen, dass ich ein Eindringling bin und hier nichts verloren habe; und vor allem, dass sie hier die Aufpasser sind. Die Straße neigt sich ein wenig nach rechts und streckt sich schließlich, bis rechts eine kleine Straße abgeht, die Schlauentrift. Und genau an dieser Ecke, tatsächlich am Ende der Fritz-Reuter-Straße und am Beginn der Schlauentrift, steht das Haus mit der Nummer 85.

Ich parke auf der gegenüberliegenden Seite, auf dem großen Parkplatz eines Baumarktes, steige aus und inspiziere das Haus: Die Wände sind rot und aus typisch norddeutschen Backsteinen, das Dach aus roten Ziegeln angefertigt und die Fensterrahmen weiß. Auf der Schlauentrift-Seite steht eine schwarze Laterne auf dem Bürgersteig direkt neben dem Haus, auf der Fritz-Reuter-Straße liegt der Hauseingang – Erdgeschoss, 1. Stock, Dachgeschoss, breites Fundament.

Das Haus, Karolines Kindheitshaus, muss sich also erneut verändert haben, denn es gleicht jenem, das sie 1990 im Rahmen ihres Besuches gesehen hatte, nur noch von der Farbe. Auf der rechten Seite ist es erweitert beziehungsweise ausgebaut worden, selbiges gilt für das Dach, welches nun zum Wohnen dient. Rechts neben dem Haus, wo laut Karoline früher der Hof lag, ist nun ein weiterer Hausteil, der an das ursprüngliche Gebäude angebaut wurde, mit Wohnungen zu sehen.

Die Fritz-Reuter-Straße selbst wurde wohl restauriert, zu Karolines Flucht-Zeit hatte es an dieser Stelle ja nur Kopfsteinpflaster gegeben, davon ist nun nichts mehr zu sehen, alles ist ebenerdig und asphaltiert ...

Rechts neben dem Haus, also auf der Fritz-Reuter-Straße, steht ein altes Häuschen, das aussieht, als wäre es noch aus DDR-Zeiten; fast schon etwas schief und vom Wind eingedrückt. An dieser Stelle hatte früher ein Haus gestanden, das durch den Hof von Karolines Haus getrennt war und in dem bis 1960 eine ihrer Spielfreundinnen wohnte. Handelt es sich um diesen Bau? Vielleicht.

Links, auf der anderen Seite der Schlauentrift, wird an einem Gebäude gearbeitet, dessen Fenster im Erdgeschoss zugemauert und im 1. Stock scheibenlos sind. Durch die Fensterrahmen in der 1. Etage sehe ich die Wandtapete, die eindeutig nach DDR aussieht. Vor diesem Haus liegt ein Sand- beziehungsweise Erdhügel. Bei dieser Baustelle muss es sich um die ehemalige Molkerei handeln. Teilweise existieren zwar einige Gebäudeabschnitte nicht mehr, jedoch passt das Haus, welches dort steht, eindeutig zu Karolines Erzählungen über die damalige Molkerei.

Für ein paar Minuten verharre ich auf der Straße, Autos fahren keine an mir vorbei, es ist wie ein abgepasster Moment: Kein Verkehr, keine Menschen, keine Geräusche aus der Ferne oder von irgendwelchen Tieren, nur ich und der Ort der Vergangenheit stehen in diesem Augenblick an dieser Stelle. Ich bemühe meine Fantasie und fordere sie auf, mir die damaligen Bewohner des Hauses sowie Karoline und ihre Eltern zu zeigen; wie sie aus dem Haus herauskommen; wie Karolines Mutter zur Molkerei geht; wie ihr Vater mit seinem Fahrrad losfährt. Erwartungsvoll starre ich auf das Haus mit seiner Eingangstür, doch die Tür bleibt verschlossen. Ein Blick nach links zur Molkerei: War da nicht das Klimpern der Milchkannen zu hören? Nein, nur Stille. Und dann doch, Stimmen. Leise, aber laut genug. Ich drehe den Kopf zurück zum Haus: Ein Mann, vielleicht Ende 20 oder Anfang 30, schiebt einen Kinderwagen vor sich her, neben ihm geht eine wohl gleichaltrige Frau. Sie sprechen wenig, observieren viel mehr den Fremden, der mitten auf der Straße steht und mit seinem Blick alles beschnüffelt, was sich ihm offenbart. Sie gehen mit ein wenig Abstand erst am Haus und dann an mir vorbei, das Kleinkind im Wagen schläft, die vermeintlichen Eltern sagen nichts. Ich grinse bemüht und grüße halb abwesend mit einem freundlichen „Guten Tag“. Er wirft mir ein überraschtes und leises „Hallo“ zurück, sie schaut auf den Boden. Ich höre ihre Gedanken und Fragen, beachte sie jedoch nicht weiter. Als sie vorüber sind: wieder Stille. Nochmals wandert mein Blick auf die vermeintliche Molkerei, das Haus und die beiden Straßen, das Nachbarhaus sowie die Laterne, die weiterhin treu grüßt. Stehen da nicht zwei Männer mit Hüten und langen Mänteln vor dem Hauseingang? Nein …

Ich steige wieder ins Auto und fahre die Schlauentrift entlang, von der Gaststätte, der Bäckerei, der Schmiede sowie dem Geschäft, von denen Karoline berichtet hat, ist nichts zu sehen; jedenfalls kann ich keine passenden Gebäude erkennen. Ich fahre, bis ich wieder auf der Marienstraße, die ich bei meiner Ankunft in Schönberg bereits befuhr, lande und dann zurück zum Marktplatz. Dieses Mal jedoch biege ich hinter dem Marktplatz nicht rechts in die Fritz-Reuter-Straße ein, sondern fahre weiter geradeaus, um Karolines Schulweg abzufahren. Die Straße präsentiert eine langgezogene Linkskurve, ehe sie sich wieder streckt und um den Oberteich herum läuft. Rechts öffnet sich eine Abzweigung, doch ich fahre weiter geradeaus und halte umgehend an der Bushaltestelle, denn das Gebäude, das direkt an dieser

Haltestelle steht, ebenfalls aus roten Backsteinen, roten Dachziegeln sowie weißen Fensterrahmen bestehend, muss Karolines ehemalige Schule sein.

Erneut steige ich aus, erneut nur Stille. Neben der schwarzen Eingangstür hängt ein blaues Schild mit weißer Schrift, darauf eingearbeitet die Hausnummer: 1. Typisch, denn auch das Hausnummer-Schild in der Fritz-Reuter-Straße und ohnehin alle Straßennamen-Schilder in Schönberg sind in diesem Stil, mit altdeutscher Schrift angebracht. Neben dem Gebäude zieht sich parallel zur Lübecker Straße eine Mauer, die rund 1,50 Meter hoch und ebenfalls aus roten Backsteinen gebaut ist, um den Schulhof. Die Mauer, sie ist also doch noch da? Auf dem Hof stehen ein verlassener Basketballkorb, ein paar einsame Sitzbänke und dichte Büsche, zwei weitere Gebäude, zwei eiserne Geländer sowie zwei große Bäume. Vieles gleicht Karolines Erzählungen, obwohl überarbeitet und speziell auf dem Schulhof ergänzt, denn Basketballkörbe hatte es in Schönberg früher nun wirklich nicht gegeben. Einzig die Kaserne, die 1960 neben der Schule stand, ist nirgends zu sehen.

Abermals fordere ich meine Fantasie auf, mir doch ein paar weitere Einblicke zu gestatten. Ein Schüler, der die Ohrfeigen zählt? Eine Schülerin, die West-Lieder singt? Lautes Krakeelen in einem Klassenraum, wo eine Schülerin von ihren Mitschülern geschlagen und getreten wird? Nein, alles still. Auch hier: alles still.

Zurück im Auto setze ich meinen Weg fort und fahre die Straße weiter, ein wenig bergauf. Exakt die Strecke also, die Karoline mit ihrer Mutter 60 Jahre zuvor gefahren ist, in dem besagten Taxi sitzend und der unmissverständlichen Parole folgend: „Karoline, du sagst nichts!" Ein merkwürdiges Gefühl begleitet mich, da ich mir vorzustellen versuche, wie sich ein fast zehnjähriges Mädchen damals gefühlt haben muss. Was ging in Karolines Mutter vor? Welche Gedanken und Fragen schwirrten dem Taxifahrer durch den Kopf? Und wie muss sich Karolines Vater in diesen Stunden überhaupt gefühlt haben?

Ich passiere einige kleine Häuschen, dann eine Unterkunft, eine Villa, ein Restaurant, eine Art Kino und plötzlich nach vielleicht 500 Metern ist es soweit: Ich fahre über eben jene Brücke, die für Karoline und alle anderen Einwohner Schönbergs verboten war. Unter ihr führt eine Bahnlinie entlang: Auf der einen Seite liegt der Bahnhof, weswegen sich die eingleisige Schiene in zwei aufteilt, auf der anderen die langgezogene Schienenstrecke. Eine Einbahnstraße, die damals in den Westen beziehungsweise in die DDR führte. Bäume und Büsche flankieren das Gleis auf dem Weg in das ehemalige Grenzgebiet. Unvorstellbar, dass diese Brücke zu überschreiten früher ein Tabu war, denn es sieht nun alles so ruhig und friedlich aus. Das helle Geländer strahlt regelrecht, während der Straßenuntergrund merkwürdig wirkt: Es sieht aus, als wäre genau in der Mitte der Brücke ein Riss gewesen und man hätte beide Seiten neu miteinander verbinden müssen, die erkennbare Naht beziehungsweise weißen Streifen auf den Gehwegen erwecken bei mir den Eindruck, als würde hier eine Grenze gezogen. Immer noch eine Grenze?

Die Brücke, die Karoline damals gesehen hatte, existiert in ihrer früheren Form jedenfalls auch nicht mehr: Das Geländer, welches einst gebogen wie jenes der Hohenzollernbrücke in Köln und groß, wenn auch nicht sehr groß, gewesen sei, ist nun vielleicht 1,20 Meter hoch; stark und kalt wirkt es auch nicht, vielmehr ist es schlicht und keineswegs ausgefallen; die Fahrbahn, welche früher uneben gewesen sei, ist nun eben und zur Hälfte ziemlich neu; diese Brücke hat kaum Parallelen mit Karolines Schilderungen.

Die Zeugnisse der Geschichte sind also kaum mehr zu sehen ...

So gehe ich zurück zum Auto, fahre weder nach rechts in die Dassower Straße noch nach links zu einem Autoverkauf, sondern weiter geradeaus Richtung Selmsdorf, durch die Stadt und schließlich in Richtung Schlutup und Lübeck, immer stumpf auf der B104 – wie damals das Taxi.

Wo genau der ehemalige Grenzübergang Lübeck-Selmsdorf gestanden haben muss, kann ich auf meinem Weg leider nicht sehen. Von der Baracke, in der 30 Eier ein Problem darstellten und fast zum Verhängnis wurden, und von karger Landschaft, in der einzig und allein ein paar Wachthäuschen standen, keine Spur. Ein großes Schild am Rande der Bundesstraße weist jedoch darauf hin, dass an dieser Stelle einst die Grenze entlangführte, denn auf dieses Schild steht geschrieben: „Hier waren Deutschland und Europa bis zum 11. November 1989 um 22:30 Uhr getrennt."

An einem kleinen Parkplatz halte ich an und steige aus. Um mich herum stehen Bäume, hoch, kräftig grün und dicht gewachsen. Etwas entfernt entdecke ich einige Altbauten, die wie Ruinen – aus DDR-Zeiten? – aussehen. Eine Pferdeweide und andere Zäune blockieren jedoch den Zugang. Ich schaue den Pfad entlang und sehe Gebäude, die teils nach Wohnhäusern und teils nach Lagerhäusern aussehen – jedoch alle leer. Vereinsamt, verlassen, von der Natur zurückerobert; Gras wächst auf den Dächern, durch einige zerbrochene Fensterscheiben ranken Zweige. Umgehend denke ich an Karolines Besuch in der Kirchruine in Wismar mit dem wachsenden Grün ...

Ein wenig melancholisch werde ich: Irgendwo hier *muss* die Baracke postiert gewesen sein, von der aus Karoline und ihre Mutter in den Westen gingen. Eine Flucht per Pedes, was für eine Geschichte. Und wie ihre Mutter wohl geschleppt haben muss, das war sicherlich unheimlich anstrengend; vor allem auch aufgrund dieser extremen mentalen Belastung! Heute stehe ich hier, kann kommen und gehen, wie ich mag; damals sind sie geflüchtet.

Ja, ich werde emotional und das ändert sich auch im Auto, als ich weiter in Richtung Lübeck fahre, die Schilder darauf verweisen, dass zu meiner Rechten die Trave liegt, die Karoline damals gesehen haben muss, nicht. Gänsehaut auf den Armen und sowieso am ganzen Körper, denn meine Gefühlslage ist eine kaum zu beschreibende Achterbahnfahrt: Freude, diesen Weg mit eigenen Augen sehen und abfahren zu können; Glück, weil Karoline und ihre Mutter es schafften, in den

Westen zu flüchten; Trauer, dass es soweit kommen musste und sie keinen anderen Ausweg sahen; Schmerz, weil viele Menschen es nicht lebend aus der DDR hinaus schafften; Bewunderung, da man den Mut ihrer Eltern, nicht hoch genug einordnen kann; Neugierde, wie es wohl damals hier ausgesehen haben muss; Enttäuschung, dass nicht deutlicher und markanter an diesen historischen Ort – an *unsere* Geschichte – erinnert wird; Hunger, an einem anderen Tag wieder an diese Stelle zu kommen und sie genauer zu untersuchen; Dankbarkeit, dass es das Schicksal gut mit Karoline, ihrer Mutter sowie ihrem Vater und vielen anderen Menschen meinte, ihnen zu einer erfolgreichen Flucht verhalf.

Angekommen in Lübeck biege ich auf die Schwartauer Allee und begebe mich sodann auf die Suche nach der Kirche, neben der damals die Schule stand, in der Karoline lebte; als sie und ihre Mutter bei Tante Emma wohnten, bis ihr Vater hinzukam – und ich finde sie nach rund fünf Minuten. Auf der gegenüberliegenden Straßenseite pausiere ich an einer Bushaltestelle, schaue beeindruckt auf die imposante Kirche, ein großes Gebäude. Jedoch verharrt mein Blick nicht für allzu lange Zeit auf dem Gotteshaus, denn das Gebäude links neben der Kirche reißt meine Aufmerksamkeit regelrecht an sich. Ein Studentenwohnheim, braun-rote Backsteine, weiße Fensterrahmen, Erdgeschoss, 1. Stock, 2. Stock, ein ausgefallenes Flachdach. Zwischen den beiden Gebäuden zwei hohe Bäume. Ich stelle mir vor, wie hier Karoline als kleines Kind, das aus der DDR in eine neue Welt kam, in ihrem Perlonkleid und mit den weißen Schuhen herumläuft, hüpft, springt und singt. Dies ist also der Ort, an dem Karoline mit ihrer Mutter lebte, bis der Mann mit den zwei Anzügen übereinander vor der Tür stand und es für alle drei in ein neues Leben ging ...

Bevor ich nach Schönberg fuhr, war ich auch in Rambeel, sah Kühe auf einer Weide mit Apfelbäumen grasen; wenige Häuschen sowie einen Bauernhof und ein großes Firmengelände; einen Greis, der auf dem Hof saß, Hosenträger, weißes Hemd sowie graue Anzughose, seine Füße in einer Schüssel Wasser badend; ein Dorf, das irgendwie noch in einer anderen Zeit zu stecken schien. Und ich fuhr nach Kirch Grambow, zu der Kirche, in der sich Karolines Eltern einst das „Ja"-Wort gaben; die Steine, auf denen die Namen der Männer mit Verbindung zum Ersten Weltkrieg zu lesen waren, darunter Karolines Großvater, lagen immer noch vor dem Friedhof; ein grüner, kleiner und sehr ruhiger Friedhof; einen Kuckuck hörte ich zwar rufen, doch von dem Schlösschen, das Karoline dort gesehen hatte, war keine Spur.

Viele Teile der Geschichte existieren nicht mehr, sind nicht mehr aufzufinden, sind oder werden in Vergessenheit geraten ...

Als ich mich auf den Rückweg begebe und wieder hunderte von Kilometern fahre, schwirren erneut viele Gedanken durch meinen Kopf. Es war eine Reise in eine Welt, die ich nun mit ganz anderen Augen sehe, weil ich nicht bloß die Geschichte kenne, sondern eben auch diese Orte; beides zusammen erzeugt ein einmaliges, unbeschreibliches Gefühl; diesen historischen Abschnitt unseres Landes und die Lebenswege zahlreicher Menschen sehe ich nun mit anderen Augen, dank Karolines Erzählungen. Ich bin wirklich froh, dass sie mit mir gesprochen hat und sich nicht mehr länger an die Parole ihrer Mutter – „Karoline, du sagst nichts!" – halten musste.

# SCHLUSSBEMERKUNG

Einen Aspekt, den ich bislang noch nicht aufgegriffen habe, möchte ich nun noch tangieren: Es ist der Respekt, den ich für Karoline empfinde! Sie hat sich ihr ganzes Leben lang als Außenseiterin durchgeschlagen und dabei nie aufgehört, an ihre Träume zu glauben. Sie wollte, ganz wie ihre Eltern, frei und unabhängig sein. Allen Widrigkeiten zum Trotz ging sie ihren Weg und ließ sich weder von Gegnern noch Neidern aus der Bahn werfen. Obwohl ich damals nicht zugegen war, trifft und verletzt mich die Situation an der Ostsee, als dieser Aufseher sie regelrecht folterte, sehr – mitten ins Mark! Auch weil es für mich symbolisch für die damalige Zeit in der DDR steht, die Karoline beschrieb: „Wer sich nicht fügen will, wird so lange gebogen, bis er sich fügt." Und da gab es nur diesen einen Ausweg, den Karolines Eltern wählten.

Ich empfinde Wut, Angst, Zorn und Machtlosigkeit, wenn ich an diese Dinge denke. Doch Karolines „Unter Wasser drücken"-Erlebnis an der Ostsee war für sie wohl eines der wichtigsten, da es sie für ihren gesamten weiteren Lebensweg prägte und stärkte. Das Mobbing in der Schule; die Drohungen durch andere Kinder und Jugendliche; das Arbeiten in einer Männerdomäne, die ihr rein gar nichts gönnte und sie täglich spüren ließ, dass sie nur das dumme Weibsbild war; die privaten Herausforderungen des Lebens; all das konnte sie nicht brechen, weil sie zu stark war!

Karoline schaffte fortan den Weg vom unteren Teil der Gesellschaft in die Mittelschicht, weil sie es wollte und dafür ehrlich, akribisch sowie kontinuierlich arbeitete. Dabei blieb sie immer „auf dem Teppich“ und verlor nie, aber auch wirklich nie, ihre Bodenständigkeit.

In unserem heutigen Deutschland denken immer noch Menschen in dieser Teilung: „Wir hier, ihr da drüben.“ Andere wissen schon gar nicht mehr, wie es zur Zeit des geteilten Deutschlands war; kennen die Hindernisse, Herausforderungen, Umstände und Nachteile der damaligen Zeit nicht – und wissen daher die Vorteile, von denen wir alle heute profitieren, nicht ausreichend zu schätzen. Ich habe Menschen erlebt, die eine Auseinandersetzung mit der Geschichte dieses Landes, mit ihrer eigenen Geschichte also, ablehnten, weil sie zurückläge, so etwas nicht mehr geschehen könne, man nicht immer nur in der Vergangenheit kramen solle. Selbst wenn dem so wäre, dürfen wir sie trotzdem nicht vergessen, eben weil es unsere Geschichte ist, eben weil wir heute in einem Land leben, das durch eben diese Geschehnisse entscheidend geprägt wurde, geprägt wird und geprägt werden wird. Es gibt Menschen wie Karoline, die in die Bundesrepublik flohen beziehungsweise fliehen mussten, und es gibt jene, die in der DDR blieben und sie sich bis heute zurück wünschen. Sie bilden einen Teil unserer Gesellschaft und deshalb müssen wir um unsere Geschichte wissen; zumal die Generation, zu der auch Karoline zählt, bald nicht mehr unter uns sein wird. Ihr Wissen muss daher festgehalten, geschützt, wertgeschätzt und respektiert werden, damit sie nicht vergessen wird und wir die Zusammenhänge verstehen.

Und noch ein Aspekt ist mir wichtig: die Ablehnung, welche Karoline und ihre Eltern nach ihrer Ankunft im Westen erfahren haben. Das Leben als Außenseiter, welches sie führen mussten, weil sie von einigen Teilen der Gesellschaft nicht anerkannt wurden. Wie dieser Vater aus dem gleichnamigen Kapitel sie anging und welche Vorurteile er offenbarte, ist mir besonders in Erinnerung geblieben, da es das heutige Denken vieler Menschen widerspiegelt. Dabei muss man einfach unterscheiden zwischen jenen, die aufgeschlossen und motiviert für einen Neuanfang in ein Land kommen, und jenen, die ablehnend und nur auf ihren eigenen wirtschaftlichen Aufstieg bedacht sind. Die Verbindung zu den letzten Jahren, der Gegenwart sowie den kommenden Jahren ist dabei nicht von der Hand zu weisen. Geschichte wiederholt sich (leider). Die Frage ist nur, wie wir damit umgehen und was wir für die Zukunft lernen.

Ich hoffe, dass wir nie vergessen werden – auch nicht, wie wertvoll Freiheit ist.

Liebe Leserin, lieber Leser,

hat Ihnen dieses Buch gefallen? Wir freuen uns über Ihre Verbesserungsvorschläge, Kritik und Fragen zum Buch.

Die Meinung und Zufriedenheit unserer Leserinnen und Leser ist uns sehr wichtig.

Kontaktieren Sie uns deshalb gerne und schreiben uns eine E-Mail an ***feedback@eulogiaverlag.de***

Wir freuen uns auf Ihre Nachricht.

Herzlichst

*Ihr Eulogia Verlags Team*